CHAQUE PIÈCE, 20 CENTMES.
663° ET 664° LIVRAISONS.

THÉATRE CONTEMPORAIN ILLUSTRÉ

MICHEL LÉVY FRÈRES, ÉDITEURS,
RUE VIVIENNE, 2 BIS.

LES PIRATES DE LA SAVANE

DRAME A GRAND SPECTACLE EN CINQ ACTES ET SIX TABLEAUX

PAR

MM. Anicet BOURGEOIS et Ferdinand DUGUÉ

Représenté, pour la première fois, à Paris, sur le Théâtre de la Gaîté, le 6 août 1859
Direction de M. HARMANT

PERSONNAGES

ANDRÈS, grand 1er rôle..................	MM. Dumaine.	PÉREZ..................................	Mallet.
JONATHAN, 1er comique.................	Perrin.	PABLO..................................	Garnier.
Th. PIVOINE, 2e comique...............	Alexandre.	UN COMMISSIONNAIRE..................	Désorbey.
RIBEIRO, grand 3e rôle.................	Latouche.	UN AMI.................................	Albert.
PAUL BÉRARD, 1er rôle jeune..........	P. Devaux.	HÉLÈNE MORALÈS, 1er rôle............	Mme Daubrun.
VARGAS, père noble.....................	Julian.	MANUELITA, soubrette................	E. Chevalier.
RAMON, rôle de convenance............	Lemaire.	UNE ÉMIGRANTE, mère noble..........	Jeault.
JUANEZ, 3e rôle.........................	Manuel.	ÉVA, enfant de 6 à 8 ans.............	La petite Eugénie.
JULES, 1er amoureux...................	Gaspard.	Pirates, Vaqueros, Manolas, Sambos, Peuple, Marins.	
UN GUIDE, accessoire comique.........	Aubry.		
PIQUITO, idem.	Aubry.	S'adresser pour la mise en scène, à M. Rhozevit, régisseur général,	
OFFICIER DE MARINE....................	Lequien.	Et pour la musique, à M. Fossey, chef d'orchestre,	
MIGUEL...................................	Vékiat.	du théâtre de la Gaîté.	
TOLOBOS..................................	Chevalier.		

ACTE PREMIER

1er TABLEAU

Un quai de la Cité. — A gauche, premier plan, un café restaurant avec auvent; tables et tabourets. Premier plan, à droite, un bureau de tabac.

SCÈNE PREMIÈRE

JULES, AMIS, puis UN GARÇON DE CAFÉ, puis JONATHAN RIVERS. (Jules est assis près d'une table et écrit au crayon sur un morceau de papier.)

JULES, s'interrompant.

Oui, mes amis, Théodore Pivoine, l'espoir de la pharmacie française, renonce à ses bocaux, à ses simples, à ses sangsues et à sa patrie, il quitte Paris ce soir, il va se faire Gambusino, chercheur d'or... Il part pour l'Amérique du Sud !

UN AMI.

Ah bah !... Est-ce qu'il emmène Pichenette ?

JULES.

Pichenette ne se doute de rien, l'infortunée Ariane ne se saura abandonnée que demain... Dodore n'a pas voulu attrister son dîner d'adieu... En bon camarade, il nous paye à dîner; il se croit déjà millionnaire et m'a chargé de faire le menu; il m'a donné carte blanche, et vous voyez, je la noircis... Je demande trois hourras pour Dodore Pivoine !

LES AMIS.

Hourra ! hourra ! hourra ! (Un individu, qu'à son cos

tume excentrique on reconnaît pour un Yankee, entre, s'arrête au cri des jeunes gens et se met à crier comme eux, en agitant son chapeau.)

JONATHAN.

Hourra !

JULES.

Hein ? Qu'est-ce que c'est que ce monsieur-là ?

JONATHAN.

Oh ! vous devez être des compatriotes à moi !

JULES.

C'est possible, monsieur, d'où êtes-vous ?

JONATHAN.

Je suis Américain, de l'État de New-York.

JULES.

Moi je suis Français, de la commune de Nanterre. Nanterre et New-York, ça se touche.

JONATHAN.

Vous criez hourra... vous me trompez... Holà ! garçon !

LE GARÇON, *entrant.*

Voilà ! voilà ! Il faut quelque chose à monsieur ?

JONATHAN.

Oh ! non... rien... rien pour moi... mais un verre de rhum pour mon coachtmain qui stationne là, au coin du quai.

LE GARÇON.

Un petit verre ?

JONATHAN.

Oh oui ! un grand petit verre... Payez-vous. *(Il lui donne de l'argent.)*

LE GARÇON, *rendant la monnaie.*

Diable ! monsieur soigne son cocher !... Monsieur l'a pris à l'heure, bien sûr ? *(Il sort.)*

JONATHAN.

Oh ! oui, à l'heure, depuis quinze jours.

TOUS, *riant.*

Quinze jours !

JONATHAN.

Oui.

JULES.

Ah ! je comprends... monsieur a voulu voir Paris en détail.

JONATHAN.

Non. Quand on a vu New-York, on a vu ce qu'il y a de plus beau dans tout le monde.

JULES, *riant.*

De plus beau... pour un Américain.

JONATHAN.

Je suis venu en France à cause d'un petit pari. J'avais gagé cinq cents dollars...

JULES, *cherchant.*

Cinq cents dollars...

JONATHAN.

Deux mille cinq cents francs... que le *Franklin*, qui est américain, gagnerait de vitesse le *Robert-Peel*, qui est anglais... et je suis parti avec le *Franklin.*

JULES.

Pour voir par vous-même s'il arriverait premier ?

JONATHAN.

Oh ! oui ! puis le *Franklin* était chargé pour mon compte.

JULES.

Ah ! monsieur fait le commerce ?

JONATHAN.

Oh ! oui.

JULES.

De coton ?

JONATHAN.

Oh ! non, de jambons... Les jambons de New-York sont les plus beaux de tout le monde.

JULES.

C'est convenu.

JONATHAN.

Le *Franklin* se comportait très-bien ; nous étions en avance, toujours... mais tout à coup le chauffeur nous crie qu'il manque de charbon.

JULES.

Il avait trop chauffé.

JONATHAN.

Oh ! oui... nous ne marchions plus... Le *Robert-Peel* nous rattrape, nous dépasse... L'Amérique était battue par l'Angleterre !

JULES.

Goddem !

JONATHAN.

Oh ! je pensais à me pendre !

JULES.

Vraiment ?...

JONATHAN.

Oh ! oui, j'y pensais beaucoup... quand je vois le coq qui taillait un de mes jambons pour la collation.

JULES.

Ça vous rattache à la vie...

JONATHAN.

Oh ! oui.

JULES, *riant.*

Vous vous en faites servir une tranche ?

JONATHAN.

Oh ! Non.

JULES.

Deux, alors ?

JONATHAN.

Oh ! Non... pas du tout... Je me souviens que le jambon brûlé donne une chaleur d'enfer... je crie au chauffeur : Prenez mes jambons ! brûlez-les... brûlez la cargaison, brûlez le navire, brûlez tout, mais arrivez, by god, arrivez !... On fait ce que je dis, on jette les jambons par brassées dans les fourneaux, nous repartons comme une flèche, nous rattrapons le *Robert-Peel*, nous le dépassons en criant : all right ! all right ! et nous le gagnons au Havre de deux heures trente-sept minutes trente-trois secondes.

JULES.

Vous aviez dû brûler pas mal de jambons.

JONATHAN.

On avait brûlé tout.

JULES.

Diable !... et vous en aviez pour...

JONATHAN.

Deux cent cinquante mille francs !

JULES.

Bigre ! vous avez perdu deux cent cinquante mille francs !

JONATHAN.

Oui, mais j'ai gagné mon pari.

JULES.

De deux mille cinq cent francs. *(A part.)* Bonne spéculation.

JONATHAN.

L'Amérique a battu l'Angleterre !... en débarquant, j'étais si content, si content, que j'ai manqué mourir.

JULES.

De joie ?

JONATHAN.

Oh ! oui, et d'un coup de sang... Quand je suis revenu à moi, on m'a assuré que je serais mort si un médecin, qui se trouvait là par hasard, ne m'avait pas saigné tout de suite. Je voulais reconnaître ce petit service, mais le médecin n'était pas de la ville et venait de prendre le train allant à Paris... Je ne voulais pas avoir été sauvé pour rien, je résolus de courir après mon sauveur... En arrivant ici, j'ai acheté l'Almanach des cent mille adresses ; j'ai pris un fiacre et je me suis mis en quête de mon docteur. J'ai déjà vu sept cent quatre-vingt-trois médecins ; j'ai payé deux cent vingt-huit heures de voitures, monté deux mille sept cent dix-sept étages, et... je n'ai pas trouvé mon homme.

JULES.

Avez-vous au moins un indice pour le reconnaître ? L'avez-vous vu ?

JONATHAN.

Oh ! non... quand j'ai rouvert les yeux, il était déjà parti, mais on m'a donné son signalement; cheveux courts, moustaches jaunes, redingote de velours, pantalon à la cosaque et chapeau chocolat. Oh! je le trouverai! je le trouverai! (*Il sort.*)

SCÈNE II

LES MÊMES, *moins* JONATHAN, *puis* DODORE.

JULES, *riant.*
Voilà un signalement de médecin!... Mais cet original nous a fait oublier notre carte... (*Relisant des yeux.*) Ma foi, elle est complète... Garçon! garçon!...

LE GARÇON.
Voilà! voilà!

JULES.
Porte ce menu au chef et fais mettre six couverts dans le salon bleu.

LE GARÇON.
Bon!

DODORE, *arrivant.*
Non! sept.

TOUS.
Bonjour, Dodore!

JULES.
Sept couverts... Dis donc!... est-ce que Pichenette est des nôtres?

DODORE.
Pichenette!... Ah! mes amis... si vous saviez...

TOUS.
Quoi donc?

DODORE, *tombant sur une chaise qu'on lui avance.*
J'avais dit au commissionnaire de ne lui porter que demain ma lettre d'adieu!...

JULES.
Oui.

DODORE.
Mon animal d'Auvergnat, croyant mieux faire, l'a portée aujourd'hui... il est venu me dire que la demoiselle, en lisant le billet, avait jeté un grand cri, puis qu'elle lui avait donné vingt sous en le priant de lui monter du charbon.

JULES.
Grand Dieu!

DODORE.
Grand Dieu! voilà ce que j'ai crié tout de suite... Pichenette ne veut pas survivre à mon abandon... Pichenette veut se détruire, la malheureuse... Se détruire pour moi, une si belle créature!... Je laisse là mes malles, je cours, je grimpe... arrivé devant sa porte, la force me manque pour frapper... j'écoute, je croyais entendre des gémissements...

TOUS.
Eh bien?

DODORE.
Eh bien...

JULES.
Achève donc.

DODORE, *se levant.*
C'est affreux, mes amis... Pichenette chantait la ronde du Punch Grassot... et elle ne chantait pas seule.

JULES.
Ah! elle était... plusieurs?

DODORE.
Elle était deux. Le charbon avait servi pour faire le dîner. Ça sentait l'omelette au lard.

JULES.
Eh bien, te voilà rassuré... enchanté?

DODORE.
Enchanté...

JULES.
Aurais-tu voulu trouver Pichenette asphyxiée?

DODORE.
Eh bien, oui... là... un peu... rien qu'un peu!... Ah! ma somnambule me l'avait bien dit... Ne prévenez pas trop tôt de votre départ... vous vous en repentiriez. J'avais compris que Pichenette ferait un malheur, ma somnambule y avait vu plus clair.

JULES.
Ah çà! tu y crois donc toujours à ta somnambule?

DODORE.
Si j'y crois?... Elle m'a prédit qu'au nouveau monde je ferais une fortune colossale, grâce à une vierge brune qui m'apparaîtrait et qui me conduirait droit au trésor que je dois trouver là-bas. Eh bien, je pars pour le nouveau monde, sans hésiter.

JULES.
Comment reconnaîtras-tu ce guide merveilleux qu'on t'annonce? Il y a beaucoup de demoiselles brunes.

DODORE.
Ma somnambule ne s'est pas expliquée là-dessus. Elle m'a dit seulement que ma vierge brune me ferait songer à la première femme...

JULES.
Qui était blonde. C'est bien obscur. Et vraiment tu pars?

DODORE.
Demain... parce que c'est demain samedi, et que ma somnambule m'a assuré que le samedi était un jour heureux pour moi. (*Soupirant.*) C'est un samedi que j'ai fait la connaissance de Pichenette.

JULES.
Est-ce ta somnambule qui prendra la septième place?

DODORE.
Non, c'est Paul Bérard, mon ami Paul Bérard!

JULES.
Notre ami à tous.

DODORE.
Il a étudié la médecine, pensant que j'étudiais la pharmacie.

UN AMI.
Nous avons fait notre droit ensemble.

JULES.
Nous étions tous les deux de l'atelier de Cogniet. C'est bien le plus drôle de corps... pouvant arriver à tout, il change de route juste au moment de toucher au but. Pouvant être à son choix avocat ou médecin, il s'est fait peintre. Mais après six mois de leçons chez Cogniet, il nous quitte pour aller faire des études dans la forêt de Fontainebleau. Au bout de quinze jours, nous recevons de lui une lettre datée d'Alger, il nous annonçait qu'il allait suivre en amateur l'expédition de Kabylie. Quel drôle de garçon!... depuis quand est-il revenu?

DODORE.
Depuis tout à l'heure. Je l'ai rencontré par hasard. Je l'ai invité; comme vous pensez bien, il a accepté. Je l'attends à six heures et je vais faire servir. (*Il entre au restaurant.*)

JULES.
Il n'arrivera pas aujourd'hui à six heures, car il est six heures dix.

BÉRARD, *paraissant dans le costume indiqué par Jonathan.*
Six heures cinq à la tour de l'horloge.

TOUS.
Bérard!

SCÈNE III

BÉRARD, JULES, AMIS.

BÉRARD, *leur donnant la main à tous.*
Cinq minutes de retard... C'est de l'exactitude, pour un homme écrasé.

TOUS.
Ecrasé!

BÉRARD.
Non, j'exagère... Renversé... par un fiacre, voilà qui est humiliant. On a voulu arrêter le véhicule qui courait toujours malgré les cris et les gesticulations d'un brave monsieur qui était dedans et qui voulait se précipiter pour venir

à mon secours sans doute. Pendant ce temps, je me suis relevé et, pour échapper à la foule qui s'amassait déjà, j'ai pris ma course d'un autre côté ! et me voilà !... vous allez me demander comment moi, Parisien, je me mets sous les fiacres ?... Je vous dirai que j'ai un peu perdu l'habitude de la grande ville, et puis je m'étais amusé sottement à regarder une petite mendiante... et les enfants m'ont toujours porté malheur.

JULES.
Bah !

BÉRARD.
Vous allez voir si je n'ai pas le droit de détester ces jolis petits animaux-là.

JULES.
Le droit ? comment ? que veux-tu dire ?

BÉRARD.
Le dîner n'est pas prêt ? non, puisque Dodore n'est pas là.

JULES.
Eh bien ! en l'attendant, prenons un verre de madère et causons. (Ils s'asseyent autour d'une des tables.)

BÉRARD.
Lorsque je sortis du collège, je n'avais plus pour famille qu'un oncle resté vieux garçon et une tante mariée depuis vingt ans ; désespérant d'avoir jamais d'autre héritier que moi, cette bonne tante me promit de me faire son légataire universel à la condition que je serais avocat... La veille du jour où j'allais passer ma thèse, je reçus une lettre d'elle où elle m'annonçait qu'après ses vingt années de mariage, le ciel avait enfin béni son union, et qu'une fille lui était née... Cette fille-là me déshéritait net... Là-dessus j'envoyai le Code à tous les diables et j'allai chasser chez mon oncle le célibataire. C'était un bon vivant qui avait une cuisinière incomparable pour les coulis d'écrevisses.

JULES.
J'adore le coulis d'écrevisses.

BÉRARD.
J'en suis bien dégoûté, moi... Cette cuisinière était presque vieille, tout à fait laide, et se faisait aider par un affreux petit garçon à qui mon oncle tirait volontiers les oreilles.

TOUS, souriant.
Ah ! ah !

BÉRARD.
Le bonhomme me reçut à bras ouverts, et me promit une bonne place sur son testament si je suivais la même carrière que lui, c'est-à-dire si je me faisais médecin... Je me résignai... Je touchais au doctorat lorsqu'une lettre me fut envoyée par le notaire de mon oncle... de mon oncle qui venait de mourir en reconnaissant comme sien le fils de sa cuisinière... et en lui laissant toute sa fortune... (On rit.) 40,000 fr. de rente !... Voilà ce que me coûtait le coulis d'écrevisses. (On se lève.)

JULES.
C'est cher !...

BÉRARD.
Vous le voyez, deux fois les enfants m'ont ruiné, et tout à l'heure encore un enfant a failli me faire écraser. Comprenez-vous que je les déteste ?

JULES.
Ma foi, oui.

BÉRARD.
Je dois ajouter pourtant que mon oncle m'avait fait un petit legs de 10,000 fr.... 10,000 fr.!... C'était au moins trois années d'existence assurée, trois années d'indépendance. J'allais pouvoir faire de moi ce que je voudrais. Je me fis artiste, je me fis peintre. C'était là ma vocation, mais ce qu'il me fallait, ce n'était pas quatre murs pour atelier... non, c'était l'espace... c'était l'Océan et ses tempêtes, le désert et son simoun, c'était enfin la guerre et ses sublimes horreurs. Voilà pourquoi, dès que je sus tenir un pinceau, je suis parti pour l'Algérie. Là, j'ai vécu dans le désert, de la vie de l'Arabe, j'ai vécu dans les camps de la vie du soldat... Le soldat ! je l'ai vu à l'œuvre là-bas... C'était superbe, parole d'honneur ! et je ne vous parle pas seulement des corps d'élite... Non... mais du troupier si simple, si gauche même, que nous appelons ici le pioupiou : devant l'ennemi il se transforme... ce paysan d'hier court au feu comme à une fête. Avant le combat, le pauvre garçon revoyait dans ses rêves son village, il pensait à sa mère peut-être : pendant la bataille, il ne voit plus que le drapeau, il ne songe plus qu'à la France. Ah ! mes amis, j'étais parti d'ici blagueur, je suis revenu Chauvin !... Là-dessus, allons dîner, car j'ai faim.

SCÈNE IV

LES MÊMES, JONATHAN.

Au moment où Bérard se dirige vers le restaurant, Jonathan arrive tout essoufflé, conduit par un commissionnaire qui lui montre Bérard.

LE COMMISSIONNAIRE.
C'est-y là votre homme ?

JONATHAN, il donne de l'argent au commissionnaire qui s'éloigne.
Oui... je l'avais bien reconnu de mon fiacre... Voilà la redingote de velours... le pantalon à la cosaque... et le chapeau chocolat. (Courant à Bérard qu'il arrête.) Oh ! monsieur, dites-moi que c'est vous.

JULES.
Tiens ! l'homme aux jambons !

BÉRARD, riant.
Attendez donc... je vous ai vu tout à l'heure, rue de la Monnaie, dans une voiture qui a failli passer sur moi. Si vous voulez me faire vos excuses, vous êtes bien bon, je ne vous en veux pas, serviteur.

JONATHAN.
Oh ! je vous tiens, je ne vous lâche plus ! regardez-moi bien, vous avez dû encore me voir il y a quinze jours...

BÉRARD.
Quinze jours ?

JONATHAN.
Au Havre.

JULES, à Jonathan.
Comment, votre sauveur...

JONATHAN.
C'est lui. Voilà le signalement.

JULES.
C'est, ma foi, vrai.

BÉRARD.
J'étais au Havre en effet et je vous reconnais maintenant. (Riant.) Vous devez porter de mes marques.

JONATHAN.
Oh ! oui, au bras gauche... un coup de lancette... c'était vous... Oh ! que je vous remercie encore !...

BÉRARD.
Mon cher monsieur ! ce n'est pas moi qu'il faut remercier, c'est le hasard qui m'a fait passer par là. Il était temps, par exemple !

JULES.
Tu n'as pas obligé un ingrat, monsieur te cherchait partout. Il est monté, je crois, chez tous les médecins de Paris. (Riant.) Il allait commencer demain la banlieue.

JONATHAN.
Oh ! non ! *le Franklin* part demain, je pars avec *le Franklin*. Mais à présent que je tiens mon docteur...

BÉRARD.
Je ne suis pas docteur.

JONATHAN.
Ça m'est égal... je vous dois...

BÉRARD.
Rien du tout.

JONATHAN.
Comment ?

BÉRARD.
Sans doute. Vous pouviez m'écraser tout à l'heure, vous ne l'avez pas fait... Nous sommes quittes.

JONATHAN.

Quittes!... Oh! non. La vie de Jonathan Rivers, de l'État de New-York, est quelque chose, car Jonathan Rivers vaut deux millions de piastres.

JULES.

Sans compter les jambons?

JONATHAN.

Oh! oui... et je veux vous donner...

BÉRARD.

Donnez-moi la main et parlons d'autre chose. Je vous demanderais bien de me faire une petite commission.

JONATHAN.

Oh! volontiers... Laquelle?

BÉRARD.

Ne m'avez-vous pas dit que vous partiez demain pour l'Amérique?

JONATHAN.

Oh! oui!...

BÉRARD.

Oui, mais vous êtes de l'Amérique du Nord, et il s'agirait d'aller dans le Sud.

JONATHAN.

Ça m'est égal. Nous ne connaissons pas les distances, là-bas; et puis, j'avais le désir d'aller dans le Sud.

BÉRARD.

A Mexico?

JONATHAN.

Précisément. J'ai un compatriote établi à Mexico, Samuel Town, banquier.

BÉRARD.

Vraiment! Eh bien, si vous le voulez, vous pouvez vous acquitter envers moi.

JONATHAN.

Je ferai tout ce que vous me demanderez.

BÉRARD.

Tu connais quelqu'un à Mexico?

BÉRARD, *à Jonathan.*

Il s'agit de porter un médaillon... un portrait, à une femme...

JULES.

Ah! mon gaillard! tu as des amours jusqu'au Mexique. (*On rit.*)

BÉRARD.

Ah! ne riez plus, mes amis.

JULES.

L'histoire est donc sérieuse?

BÉRARD.

Elle est triste! Je vous ai dit, monsieur Jonathan, que je n'étais pas docteur, c'est vrai, je suis peintre, et j'étais allé chercher des modèles sous le ciel africain, dans la province d'Oran; là, je m'étais lié avec un jeune lieutenant de la légion étrangère: Fernand Moralès, c'était le nom de mon nouvel ami, appartenait à une famille d'origine espagnole, fixée depuis longtemps au Mexique. Son père y possédait une fortune princière, représentée, je crois, par toute une province. Fernand était venu en France pour compléter son éducation; à Paris, il connut une belle, honnête et pauvre jeune fille; Fernand demanda à son père l'autorisation d'épouser celle qu'il adorait. Le vieux gentilhomme refusa de souscrire à ce qu'il appelait une mésalliance, et pour forcer son fils à revenir au Mexique, il cessa tout envoi d'argent.

JONATHAN.

Oh! c'était mal!...

BÉRARD.

Mais Fernand put réaliser une somme assez importante pour que la mère de son enfant ne connût pas trop la gêne, et voulant ne rien devoir qu'à lui-même, il prit du service dans la légion étrangère.

JONATHAN.

Oh! c'était bien!...

BÉRARD.

L'expédition de la Kabylie était décidée, le bataillon de Fernand allait se mettre en marche, je résolus de le suivre en amateur. Pendant qu'on se battait, je dessinais. Un jour, en rentrant au bivouac, j'appris que Fernand avait été grièvement blessé. Je le trouvai mourant. Il venait d'écrire à son père pour lui recommander sa femme et son enfant. La lettre était partie, et comme je cherchais à lui rendre quelque espoir, il me répondit : Je suis frappé à mort; je le sens; je ne reverrai plus Hélène, je ne reverrai plus ma fille, ma fille, si jeune encore quand je l'ai quittée, que peut-être elle ne gardera pas même le souvenir des traits de son père; et sur son beau visage je voyais couler de grosses larmes. Je lui proposai de faire son portrait en médaillon... Il me serra la main, et s'efforçant de sourire, il me dit : Faites vite, car je ne pourrai pas vous donner beaucoup de séances. Le lendemain soir, il était mort.

JULES.

Oh! tu l'avais bien dit! c'est triste.

JONATHAN.

Oh! oui, triste!...

BÉRARD.

Au retour de l'expédition, je tombai malade à Alger. Bref, six mois s'écoulèrent avant que je pusse rentrer en France, et quand, il y a quinze jours, j'allai aux environs du Havre pour remplir la mission qui m'avait été donnée par Fernand, je ne trouvai plus ni sa veuve, ni sa fille. Je courus chez le notaire du pays, qui m'apprit qu'elles avaient été appelées toutes deux par le vieux Moralès qui, touché enfin de remords, avait écrit à Hélène qu'il voulait adopter, aimer son enfant, et que, s'il mourait avant de les avoir vues, il laisserait toute sa fortune à sa petite-fille, aux termes d'un testament en bonnes formes, déposé chez don Isidorio Collantès, à Mexico. Hélène, après avoir longtemps hésité, s'était décidée à partir. Elle s'était embarquée au Havre sur le bateau l'*Arkansas*. Elle allait à Mexico. C'est donc à Mexico que vous remettrez à l'enfant ce médaillon, dernier souvenir de son père. Si vous faites cela, monsieur Jonathan, vous aurez accompli le dernier vœu d'un brave soldat, et c'est moi qui serai votre obligé, parole d'honneur!

JONATHAN.

Je le ferai.

BÉRARD, *lui donnant la main.*

Merci!

SCÈNE V

Les Mêmes, DODORE.

DODORE.

Bérard est arrivé. Très-bien. Messieurs, vous êtes servis.

BÉRARD.

Pardieu, M. Jonathan, il faut que je vous présente un de mes amis qui va dans le nouveau monde, à la conquête d'une mine d'or... Il part aussi demain. (*Présentant*) M. Théodore Pivoine... M. Jonathan Rivers.

JONATHAN.

Vous dites en France, je crois, que les amis de nos amis sont des amis. Touchez là, monsieur Pivoine.

BÉRARD.

Pour faire plus ample connaissance, dînez avec nous, sans façon. Je vous invite au nom de Dodore, qui est notre amphitryon.

DODORE.

Certainement, je... serais flatté de...

JONATHAN.

J'accepte, mais à la condition que vous me permettrez de payer le champagne.

BÉRARD.

Accordé. Moi, je paye les cigares, et je vais les choisir. Montez toujours. (*Il entre dans le bureau de tabac à droite*).

JULES, *emmenant Jonathan.*

A table! Quel malheur que vous ayez brûlé tous vos jambons! (*Au moment où ils s'apprêtent à entrer au restaurant, une émigrante pauvrement vêtue et conduisant par la main une petite fille, paraît sur le quai.*)

SCÈNE VI

Les Mêmes, L'ÉMIGRANTE, ÉVA, puis BÉRARD.

(*L'enfant, poussée par l'émigrante, va tendre la main à Dodore, qui, sans s'occuper d'elle, suit Jules, Jonathan et ses amis, qui sont entrés dans le restaurant.*)

L'ÉMIGRANTE, *à l'enfant.*
Ils ne t'ont rien donné?

ÉVA.
Non.

L'ÉMIGRANTE.
Tu n'as rien demandé, peut-être.

ÉVA.
Je n'ose pas. Je ne sais pas demander.

L'ÉMIGRANTE.
Quand on n'a pas de pain, il ne faut pas être si fière, ma petite.

BÉRARD, *un paquet de cigares à la main.*
Pardieu! j'ai eu la main heureuse! Des puros magnifiques.

L'ÉMIGRANTE, *poussant Éva vers Bérard.*
Va donc.

ÉVA, *à Bérard.*
Monsieur...

BÉRARD.
Hein? Qu'est-ce que tu veux?

ÉVA.
La charité, s'il vous plaît.

BÉRARD.
Hum! hum!... Tiens, ma petite mendiante de la rue de la Monnaie... Tu me poursuis donc, toi? (*A part.*) Aïe... aïe... il va m'arriver quelque chose, bien sûr. (*Il la regarde.*) A-t-elle une jolie figure, ce petit monstre-là! (*A l'émigrante.*) C'est à vous, cet enfant?

L'ÉMIGRANTE.
Non, monsieur.

BÉRARD.
Vous n'êtes pas sa mère?

ÉVA, *vivement.*
Oh! non!

BÉRARD.
Et vous lui faites faire ce vilain métier-là?...

L'ÉMIGRANTE.
Il le faut bien, monsieur... nous avions quitté notre village d'Alsace, nous nous étions embarqués, mon mari et moi, pour aller nous établir à Valparaiso... Enfin, nous étions des émigrants, comme on dit... En route, nous avons fait naufrage... on s'est jeté pêle-mêle dans les embarcations... Au milieu de la bagarre, mon mari s'est noyé, et cette petite a été séparée de sa mère, qui, restée sur le bâtiment naufragé, a dû périr comme mon pauvre Herman... Nous avons été recueillis en pleine mer par un bâtiment de commerce qui nous a ramenées en France... l'enfant n'avait plus ni père ni mère... Je l'ai gardée, je la conduirai à mon pays quand j'aurai amassé quelque argent pour faire le voyage... mais d'abord, il faudra payer ce soir notre garni de la Cité; et je n'ai rien, monsieur, absolument rien...

BÉRARD, *à part.*
Tout cela n'est peut-être qu'un conte... Bah! dans le doute, je donne... (*Haut.*) Tenez, la femme, voilà toute ma monnaie...

L'ÉMIGRANTE.
Des pièces blanches!... Oh! mais remercie donc monsieur... grâce à lui, tu dormiras ce soir dans un bon lit...

ÉVA.
Merci, monsieur...

BÉRARD, *repoussant la petite.*
Non, non, c'est inutile... je ne peux pas souffrir les enfants... Oh! tant pis... celle-là est trop gentille... (*Il l'embrasse et entre au restaurant. La mendiante s'est accroupie pour compter son argent.*)

VOIX, *dans le restaurant.*
A table! à table!...

BÉRARD.
Voilà! voilà!... (*Il sort.*)

ÉVA, *à part.*
Oh! c'est fini!... je ne veux plus mendier!... (*Elle se met à courir du côté du quai, et disparaît avant que l'émigrante ait pu s'apercevoir de son départ.*)

DEUXIÈME TABLEAU

SCÈNE PREMIÈRE

P. BÉRARD, *soutenant* DODORE *qui trébuche.*

DODORE.
Décidément, l'Américain a bien fait les choses... Je suis noyé de champagne... Je crois que sans toi, je n'aurais jamais pu retrouver mon domicile...

BÉRARD.
Moi, j'en étais sûr, et j'ai voulu te faire la conduite... J'ai laissé sir Jonathan et les autres au café.

DODORE.
Mon Dieu!... qu'est-ce qu'ils pourront boire encore?...

BÉRARD.
Mon ami Jonathan m'a fait promettre de l'attendre au pont Louis-Philippe, il ne veut me quitter que le plus tard possible... tu vas rentrer chez toi... j'allumerai un cigare et j'attendrai ici, en plein air... J'ai besoin de respirer un peu... Il était temps, pour moi, de quitter la table... la tête commençait à déménager...

DODORE.
Dis donc, Bérard, je pars avec sir Jonathan... j'irai aussi au Mexique... au pays des Incas... au pays de l'or... Oh! voilà une chose étonnante, regarde donc... ce soir la lune est en or...

BÉRARD.
Tu vois jaune, mon pauvre bonhomme...

DODORE.
Oh! tu me dis ça à cause de Pichenette... je m'en moque pas mal, de Pichenette... j'en aurai tant que j'en voudrai, des Pichenettes, et de toutes les couleurs... Jonathan m'a dit que les Mexicaines étaient superbes, sans crinolines...

BÉRARD.
C'est drôle!... je crois que je flageole aussi... il faisait très-chaud, là-bas... puis le champagne, le bruit, les chansons... Ah! mais je ne suis pas sûr de n'être pas très-gris, moi...

DODORE, *chancelant.*
Prends mon bras... je te soutiendrai...

BÉRARD.
Tu ne te tiens pas toi-même... Allons, Dodore, viens te coucher... Ah! bon, je ne trouve plus ta maison, je ne vois plus ta porte... diable de champagne!... (*A Dodore qui ne bouge pas, et qui a la tête baissée.*) Dodore... ne danse donc pas comme ça, tu vas te faire arrêter...

DODORE, *fredonnant la ronde.*
Eh! youp! youp! remplissez mon verre... Elle se faisait remplir son verre... Oh! les femmes! les femmes!...

BÉRARD.
Dodore... donne-moi du feu.

DODORE, *se fouillant.*
Je n'en ai pas sur moi...

BÉRARD.
Sac à papier!... j'ai laissé tomber mon cigare. Dodore... apporte-moi de la lumière?..

DODORE.
Ah! oui... en voilà... et fournie par le gouvernement. (*Il va chercher une lanterne qui est posée sur un tas de pavés.*) Qu'est-ce que tu veux trouver?

BÉRARD.
Je ne sais plus... mon Dieu!... que l'homme est bête

quand il est gris... Tu es très-bête, Dodore... (*Lui montrant la lanterne qu'il tient.*) Qu'est-ce que tu fais de ça?...

DODORE.

Je n'en sais rien.

BÉRARD.

Ah! je viens de retrouver un cigare dans ma poche... approche ton bougeoir afin que je m'allume... (*Quand Bérard approche de la lanterne, Dodore recule; quand Dodore approche, Bérard recule à son tour.*) Ça n'ira jamais comme ça... Il faut poser ton candélabre sur un meuble... tiens, sur la borne... elle n'a pas bu de champagne, la borne... elle se tient sur ses jambes, la borne... (*Dodore va, en chancelant, jusqu'à la borne, au coin du pont. Arrivé là, il s'arrête. Il regarde.*)

DODORE, *effrayé*.

Bérard... Bérard...

BÉRARD.

Eh bien!... quoi?

DODORE.

Il y a quelqu'un...

BÉRARD.

Où ça?

DODORE, *montrant le coin de la borne*.

Là... au coin de la borne...

BÉRARD.

Quelqu'un... ça?... c'est un tas de chiffons.

DODORE.

Du tout... c'est un enfant.

BÉRARD.

Un enfant?

DODORE.

Vois plutôt...

BÉRARD.

Ma foi, oui... qu'est-ce qu'il fait là?

DODORE.

Il dort... Tiens! c'est une petite fille...

BÉRARD, *lui prenant la tête*.

Attends donc... je la reconnais... c'est ma petite mendiante!...

SCÈNE II

LES MÊMES, ÉVA.

ÉVA, *s'éveillant*.

Oh! ne me faites pas de mal...

DODORE.

Elle est gentille...

BÉRARD.

Tu aimes les enfants, toi... imbécile... (*A Éva.*) Voyons, pourquoi es-tu dans la rue à une pareille heure? On ne mendie plus après minuit... c'est défendu par la police.

ÉVA.

Oh! ne me grondez pas, monsieur... c'est pour ne plus mendier que j'ai quitté madame Hermann : pendant qu'elle comptait votre argent, je me suis sauvée, j'ai bien couru... Quand il a fait nuit, j'ai eu peur... je me suis cachée là... j'ai pleuré... j'ai eu froid... puis, je me suis endormie en priant pour maman...

DODORE, *ému*.

Pauvre petite!...

BÉRARD, *riant*.

Oh! oh! Dodore qui larmoie... Tu as le vin bien sensible, toi!...

DODORE.

Il faudrait n'avoir pas de cœur, pour ne pas aimer les enfants; et j'en ai du cœur, moi!...

BÉRARD.

Il faut avoir été ruiné deux fois par eux pour ne pas pouvoir les sentir!... Eh bien! tu restes là, toi, l'homme sensible, tu ne vois pas que cette petite grelotte...

DODORE.

Dame! je n'ai pas de châle à lui donner.

BÉRARD.

Hum! pas de châle!... si j'aimais les enfants, moi, sais-tu ce que je ferais... le sais-tu?... J'ôterais mon habit pour le jeter sur le dos de cette petite. (*Il fait ce qu'il dit.*) Enveloppe-toi là dedans.

DODORE.

Ça lui va comme si c'était fait pour elle... (*A Éva, qu'il conduit au banc, à gauche.*) Ne marche donc pas de travers comme ça...

BÉRARD.

Ah! bon... elle a la tête nue, et l'air est humide en diable... voyons... (*Otant sa cravate.*) Viens, que je te fasse une marmotte...

DODORE.

Mais tu vas t'enrhumer.

BÉRARD.

Je le sais bien, que je vais m'enrhumer. Est-ce que les enfants ne me portent pas toujours malheur? (*Il s'approche d'Éva que Dodore a assise sur le banc, et il lui attache sa cravate en marmotte.*)

SCÈNE III.

LES MÊMES, JONATHAN, JULES.

JULES.

Voici le pont Louis-Philippe.

JONATHAN.

Et voilà M. Bérard.

JULES.

Qui donc emmaillottes-tu là?

BÉRARD.

Je ne sais pas... C'est pour faire plaisir à Dodore, qui chérit les enfants. Il chérit les enfants, Dodore... Jobard, va!... Tiens, vous voilà, vous? Bonjour, sir Jonathan; vous ne chantez donc plus vos airs de New-York, qui sont les plus beaux airs de tout le monde?

JONATHAN.

Oh! non. Je n'ai plus le cœur à la joie... je viens de lire le journal du soir... au café.

BÉRARD.

Les jambons sont en baisse.

JONATHAN.

Oh! ne riez pas, vous en seriez fâché tout à l'heure. Ce que j'ai lu sur le journal vous intéresse.

BÉRARD.

Moi?

JULES.

Oui, un peu.

JONATHAN.

Oh! beaucoup!

BÉRARD.

Vous m'étonnez. Le journal s'occupe de moi?

JONATHAN.

Vous m'avez dit, n'est-ce pas, que c'était sur *l'Arkansas* que la veuve et l'enfant de votre ami s'étaient embarqués?

BÉRARD.

Oui. Eh bien?

JONATHAN.

Eh bien, monsieur Bérard, il faut que vous me demandiez un autre service. Je n'ai plus besoin d'aller à Mexico pour vous. Je vous rends votre petite commission. (*Il lui rend le médaillon.*)

BÉRARD.

Pourquoi?

JONATHAN.

Parce que je ne trouverais pas là-bas les personnes... Oh! non.

BÉRARD.

Que leur est-il arrivé? Parlez.

JONATHAN, *bas à Jules.*

Je voudrais bien lui annoncer ça tout doucement.

BÉRARD.

Parlez donc.

JONATHAN, *haut.*

L'*Arkansas* a péri corps et biens.

BÉRARD.

C'est impossible.

JONATHAN.

Un bâtiment de commerce français a recueilli quelques malheureux qui s'étaient sauvés dans un canot, et les a ramenés en France. On met dans le journal les noms de ceux qu'on a débarqués, et je n'ai vu ni celui d'Hélène Moralès...

BÉRARD.

Ni celui d'Eva ?

ÉVA, *se levant.*

Mon nom ?

BÉRARD.

Hein ?

JULES.

C'est étrange !

JONATHAN.

Cette enfant qui paraît comprendre...

JULES.

Qui pleure...

JONATHAN.

Et qui s'appelle Éva.

BÉRARD.

Éva !... (*Bérard lui écarte les mains, la regarde et la replace sur le banc.*) Ah ! j'étais donc fou de ne pas l'avoir remarqué déjà... Ces traits sont ceux de Fernand... Oh ! je veux savoir... Mais la pauvre enfant est tombée en faiblesse.

JONATHAN.

J'ai un flacon de sels.

BÉRARD.

Donnez, donnez vite. Ah ! elle revient... Voyons, petite, tu t'appelles Éva, Éva Moralès ? Tu étais sur l'*Arkansas* ? Oh ! mon Dieu ! Elle nous regarde sans nous voir, nous écoute sans nous entendre... Comment savoir?... Ah! Jules, approche cette lumière... et toi, mon enfant, regarde... regarde bien... reconnais-tu ce portrait ?

ÉVA, *se soulevant avec peine.*

Je veux dormir.

BÉRARD.

Regarde, regarde... (*Il lui montre le médaillon qu'il a tiré de sa poche. Il lui soutient la tête. Jules éclaire le portrait.*)

ÉVA, *avec joie.*

Oh ! papa ! papa !

BÉRARD.

Oh ! c'est elle !... c'est elle ! (*Deux heures sonnent à une église voisine.*) Il y a six mois, à pareille heure, son père, avant d'expirer, me recommandait sa femme et son enfant. « Soyez leur ami, me disait-il. » Oh ! oui, pauvre petite, je serai pour toi un protecteur, un ami ; je te ferai rendre ta fortune... Je ferai plus, Éva, je te rendrai ta mère, si Dieu te l'a conservée !...

JONATHAN.

Et comptez pour vous aider sur Jonathan Rivers, de l'État de New-York.

DODORE.

Et sur Dodore Pivoine, de l'État de... Belleville.

BÉRARD.

Merci, mes amis, merci.

ÉVA, *embrassant le portrait.*

Papa, papa !..

ACTE DEUXIÈME

A droite, les ruines d'un temple du soleil qui occupent les deux tiers du théâtre ; du même côté, au premier plan et adossée aux ruines, une *venta* habitée par un pauvre débitant de mezcal. Une madone à l'entrée de la *venta*. A gauche, quelques arbres et des tentes de voyage. Au fond, les plaines de Mexico, brûlées par un soleil ardent. Au lever du rideau, halte de vaqueros et de pirates, formant des groupes pittoresques : Miguel et Vargas dorment au premier plan, enveloppés de leurs *zarapès* ou manteaux mexicains.

SCÈNE PREMIÈRE.

JUANEZ, RAMON, VARGAS, MIGUEL, PIQUITO, VAQUEROS
et PIRATES, *plus tard* MANUELITA.

JUANEZ.

A boire ! demonios, à boire !

TOUS.

A boire !

PIQUITO.

Que faut-il servir à Vos Seigneuries ?

JUANEZ.

Une pinte de mezcal...

PIQUITO, *sans bouger.*

Bon, senor.

RAMON.

Une bouteille d'eau-de-vie de Catalogne.

PIQUITO, *toujours immobile.*

Bon, senor.

RAMON.

Eh bien !...

PIQUITO.

Eh bien ! qui est-ce qui payera le mezcal et l'eau-de-vie...

JUANEZ.

Qui, drôle ? Eh ! pardieu ! c'est le senor Ribeiro, notre maître, qui, à la tête d'une véritable armée, va partir d'ici tout à l'heure pour se mettre en possession de son héritage, l'hacienda de Moralès, le plus beau domaine du Mexique.

PIQUITO.

Je ne crois pas que personne ose lui disputer cette possession...

JUANEZ.

A moins que les morts ne reviennent !... Mais assez causé, maître Piquito... ça m'a altéré davantage... Allons, servons-nous vite...

PIQUITO.

Au compte de don Ribeiro, c'est bien entendu...

RAMON.

Ah ! mille tonnerres !...

PIQUITO.

Voilà, mes bons seigneurs, voilà. (*A part.*) Ils finiraient par me battre, je vais leur envoyer Manuelita, ma femme, pour les mettre à la raison. (*Il entre dans la venta.*)

RAMON.

Juanez, tu as encore perdu.

JUANEZ, *furieux.*

Caramba ! c'est trop fort ! On n'a pas d'idée d'une pareille chance !... Je ne peux plus tailler *un monté* sans perdre jusqu'à mon dernier réal !... Aussi, je jure bien de ne plus toucher une carte de ma vie !

RAMON, *riant.*

Serment d'ivrogne !... Allons, prends donc plutôt ta revanche...

JUANEZ.

Ma revanche... soit, mais pas aux cartes.

RAMON.

Aux dés ? Il y en a là, dans la venta.

JUANEZ.

Soit !... aux dés... Allons. (*Ils entrent dans la venta avec quelques pirates.*)

SCÈNE II

PIRATES, VAQUEROS, puis MANUELITA.

LES VAQUEROS.

A boire !... à boire !...

MANUELITA, *paraissant.*

Silence, donc !

TOUS.

Hein ?

MANUELITA.

Eh bien, oui, silence ! (*Murmures.*) Ah! ne croyez pas que vous allez me faire peur, à moi, comme à mon imbécile de mari... Quand on s'est habituée à vivre si près du désert, dans le voisinage des panthères et des tigres, on ne craint plus rien ni personne... (*Murmures.*) Pas même les pirates de la savane... C'est convenu, n'est-ce pas? Vous ferez moins de bruit.

TOLOBOS.

Et pourquoi, Manuelita de mon cœur?... (*Il lui prend la taille. — Elle le pince.*) Aïe !

MANUELITA.

Parce qu'il y a ici dans la venta une pauvre malade qui a grand besoin de calme et de repos.... Tenez-vous donc tranquilles, si vous voulez rester ici, ou bien allez faire vacarme plus loin!... Et d'ailleurs, tenez, j'ai un bon conseil à vous donner. Où sont vos chevaux ?

TOLOBOS.

Nos chevaux ?... Ils sont là-bas, dans le *campo.*

MANUELITA.

Eh bien! je vous engage à les surveiller du plus près, si vous ne voulez pas que le tigre soupe avec...

TOUS.

Le tigre ?

MANUELITA.

Oui, ce matin même, je l'ai entendu rugir tout près d'ici.

TOLOBOS.

Diable! aux chevaux, camarades, aux chevaux !... (*Ils sortent rapidement.*)

SCÈNE III

VARGAS, MIGUEL, MANUELITA.

VARGAS.

Voilà une bonne ruse pour les éloigner...

MANUELITA.

Ce n'est pas une ruse; il y a en effet un tigre dans les environs.

VARGAS.

Maintenant que nous sommes seuls, donnez-nous vite des nouvelles de l'étrangère.

MANUELITA.

Elle dort d'un sommeil assez calme.

MIGUEL.

Que Dieu la protége !

MANUELITA.

Cette nuit, quand vous m'avez apportée chez moi, évanouie, mourante, je n'ai pas eu le temps de vous questionner sur elle, je n'ai songé qu'à la secourir, mais ma curiosité de femme reprend le dessus, et vous allez me dire...

VARGAS.

Nous ne savons rien de plus que vous, ma bonne Manuelita.

MIGUEL.

Non, rien !...

VARGAS.

Il y a quelques jours, enrôlés dans la savane par don Ribeiro, nous nous dirigions vers les ruines du temple du Soleil, car c'est ici qu'il a donné rendez-vous pour ce matin à tous ses serviteurs. Un soir, au moment où nous faisions halte dans une clairière, Miguel, qui cherchait du bois sec pour allumer du feu, entendit comme un soupir; il m'appela, et nous trouvâmes une femme étendue, sans connaissance, au pied d'un arbre. Nous eûmes beaucoup de peine à la faire revenir à elle. La pauvre créature avait tant souffert de la soif, du soleil, de la fièvre, que le délire s'était emparé d'elle; elle se tordait les mains avec désespoir en prononçant des noms étrangers, ceux des êtres chéris qu'elle a sans doute perdus!... Comme nos questions semblaient lui causer une fatigue et une émotion pénibles, nous avons pris le parti de ne plus lui en adresser une seule, et nous sommes venus en toute hâte la remettre entre les mains de celle que nous savons si chrétiennement charitable.

MANUELITA.

Vers l'époque où le hasard vous fit rencontrer cette malheureuse femme, quelques étrangers s'arrêtèrent à la venta et me demandèrent un guide pour les conduire à Mexico : c'étaient de pauvres Européens qui, abandonnés en mer sur un navire naufragé, avaient construit un radeau, et après plusieurs semaines avaient été jetés par la tempête sur une plage déserte. Ils s'étaient acheminés péniblement à travers d'immenses solitudes : ils parlaient avec douleur, je m'en souviens, de plusieurs compagnons d'infortune qu'ils avaient été contraints d'abandonner morts ou mourants sur la route... La femme que vous avez sauvée était sans doute du nombre de ces derniers.

MIGUEL.

C'est probable.

VARGAS.

C'est certain!... Retournez près d'elle, Manuelita, car si elle s'éveille, le délire peut la reprendre.

MANUELITA.

Soyez tranquille... (*Elle se dirige vers la venta.*)

MIGUEL, *bas, à Vargas.*

Et Andrès?...

VARGAS, *de même.*

C'est vrai. (*Haut.*) Manuelita?... (*Il s'arrête.*) Vous connaissez Andrès le chasseur de tigres ?

MANUELITA.

Oui, un digne et beau jeune homme! bras intrépide, cœur loyal !

VARGAS.

Il vient quelquefois à la venta ?

MANUELITA.

Souvent.

VARGAS.

Y est-il à cette heure ?

MANUELITA.

Non, il a entendu rugir le tigre, et il s'est mis sur sa piste.

VARGAS.

Si vous le revoyez avant nous, dites lui que nous l'attendons ici.

MANUELITA.

C'est convenu... à bientôt. (*Elle rentre dans la venta.*)

VARGAS.

A bientôt.

SCÈNE IV

VARGAS, MIGUEL, UN GUIDE, puis ANDRÈS.

MIGUEL.

Pauvre Andrès!.. C'est le dernier gibier qu'il chassera sur ces domaines!... Vargas, lequel de nous deux aura le courage de lui apprendre...

VARGAS.

Moi. Servir, c'est obéir... J'obéirai à don Ribeiro. (*Détonation au dehors.*)

MIGUEL.

Ce coup de feu...

VARGAS.

Ami, nous reconnaîtrions entre mille le son de cette carabine... c'est Andrès qui vient de tirer.

MIGUEL.

Voyons. (*Le guide entre en courant, avec tous les signes de l'épouvante.*)

LE GUIDE.

Alerte! au secours! à l'aide! miséricorde!

VARGAS.

Qu'y a-t-il?

LE GUIDE.

Là... derrière moi... dans le ravin... tout près... tout près...

MIGUEL.

Explique toi donc!

LE GUIDE.

Un tigre, un tigre énorme, il me poursuit... sauvez-moi... le voici. (*Andrès paraît, la carabine à la main et le tigre sur les épaules.*)

ANDRÈS, *jetant le tigre aux pieds du guide*.

Oui... le voilà... mort! — Un bel animal... n'est-ce pas, camarades? (*Au guide.*) Allons, n'aie donc plus peur, poltron.

LE GUIDE.

Êtes-vous sûr qu'il soit bien mort? (*Il fait mine de fuir; Andrès le rattrape par le bout de l'oreille.*)

ANDRÈS.

Si tu connaissais Andrès le chasseur, tu saurais qu'il ne perd jamais un coup de poudre.

LE GUIDE, *au tigre*.

Te voilà donc, vilaine bête... Tu as ce que tu mérites... dire qu'on a peur de ça... Il faut que je lui donne un coup de pied...

ANDRÈS.

Je te le défends.

LE GUIDE.

Pourquoi?

ANDRÈS.

Parce que vivant il t'a effrayé, et que tu serais un lâche de l'insulter mort!

LE GUIDE.

Cependant...

ANDRÈS.

Assez. Continue ta route.

LE GUIDE.

Ma route?

ANDRÈS.

Oui.

LE GUIDE.

Mais je suis arrivé, seigneur cavalier... C'est ici, au Temple du Soleil, à la venta, que je dois conduire l'Européen.

ANDRÈS.

Quel Européen?

LE GUIDE.

Un Français qui m'a pris pour guide à Mexico.

ANDRÈS.

Eh bien, où est-il?

LE GUIDE.

Ah! bonté divine, je l'ai oublié en route... j'ai eu si peur que je n'ai plus songé à lui, et j'ai couru si vite qu'il n'aura pu me suivre.

ANDRÈS.

Quand le tigre est tombé, j'ai vu de loin un homme debout sur une roche agiter son chapeau d'une main et m'envoyer un salut.

LE GUIDE.

C'était lui, sans doute, et je vais à sa recherche... De ce côté, n'est-ce pas?

ANDRÈS.

Oui.

LE GUIDE.

Eh! mais, j'y songe... (*Montrant le tigre.*) Si ce gaillard-là était marié et père de famille...

ANDRÈS.

Eh bien?

LE GUIDE.

Ça serait imprudent de retourner par là... il y aurait chance de rencontrer ses parents...

ANDRÈS, *souriant*.

Rassure-toi, c'est un célibataire.

LE GUIDE.

Vous m'en répondez?

ANDRÈS.

Je t'en réponds!

LE GUIDE.

A tout à l'heure.

(*Il sort.*)

SCÈNE V

LES MÊMES, *moins* LE GUIDE.

ANDRÈS.

Enfin, nous voilà seuls... Bonjour, Vargas... bonjour, Miguel... Ah çà! dites-moi, comment se fait-il que nos mains ne se soient pas encore serrées?... Ce n'est pas là, sur ma vie, l'accueil qu'on se fait d'habitude entre gens de cœur, et je m'étonne de cet embarras, de ce silence... Voyons, pourquoi baisser ainsi les yeux et détourner la tête?... Je ne suis pas un juge, que diable, je suis un ami... N'allez pas croire, au moins, que je vous en veuille d'être devenus les serviteurs de Ribeiro.

VARGAS.

Il faut vivre, Andrès, et mon métier de chasseur ne me donnait plus de pain.

MIGUEL.

Les castors deviennent rares, tu le sais, au bord des grands lacs, et ces damnés Indiens m'ont volé toutes mes trappes.

VARGAS.

Et voilà pourquoi nous nous sommes engagés comme vaqueros chez le nouveau propriétaire de l'hacienda de Moralès.

ANDRÈS, *à part, avec tristesse*.

L'hacienda de Moralès...

VARGAS, *bas à Miguel*.

Je me croyais plus de courage que je n'en ai, et je n'oserai rien lui dire.

ANDRÈS.

Je ne vous demandais pas vos motifs, compagnons; vous avez fait ce que vous étiez libres de faire, et je n'ai ni la volonté ni le droit de contrôler vos actions... Je ne suis pas votre conscience, moi !... Du reste, vous connaissant comme je vous connais, je suis sûr de deux choses : la première, c'est que vous resterez d'honnêtes gens, même au service d'un coquin ; la seconde, c'est que vous n'oublierez jamais le passé !— Une nuit, dans la savane, Vargas était attaché au poteau du supplice, et les Indiens Comanches allaient le torturer...

VARGAS.

Lorsque la carabine d'Andrès retentit comme le tonnerre, et Vargas fut délivré.

ANDRÈS.

Alors...

VARGAS.

Alors, Vargas dit à son sauveur : Quand tu auras besoin de moi, je serai prêt!... Et comme gage de sa parole, il lui donna l'amulette qu'il portait à son cou.

ANDRÈS.

La voici au mien. — Et Miguel, se souvient-il du jour où le courant de la rivière Bleue l'entraînait vers les rapides?

MIGUEL.

Sauvé, comme Vargas, par Andrès qui se jeta résolument à la nage, Miguel jura aussi de se souvenir et lui donna son couteau de combat.

ANDRÈS.

Tu vois, je l'ai gardé.

VARGAS.

Quels que soient le jour et l'heure où tu nous appelleras, l'ennemi à combattre, le danger à courir, Andrès, mets ces gages sous nos yeux et nous serons prêts à faire pour toi ce que tu as fait pour nous.

ANDRÈS.

J'y compte, camarades! et maintenant, acquittez-vous de votre message.

VARGAS, avec embarras.

De... quel... message?

ANDRÈS.

De celui que Ribeiro vous a confié pour moi.

VARGAS.

Tu sais donc...?

ANDRÈS.

Ribeiro me défend de tirer à l'avenir un seul coup de feu sur ce qu'il appelle ses territoires de chasse... Ribeiro protège les tigres... c'est naturel! Il a bien fait de vous choisir pour me transmettre ses ordres, car s'il avait donné cette tâche à quelqu'un de ses insolents pirates, je jure Dieu que ce sable aurait bu du sang!

VARGAS.

Pardonne-nous, Andrès, et retire-toi, car le maître va venir.

ANDRÈS.

Le maître?... J'attendrai qu'il me chasse lui-même.

VARGAS.

Ami, au nom du ciel, éloigne-toi... La haine de cet homme est mortelle...

ANDRÈS.

Allez et souvenez-vous. (*Les deux vaqueros s'éloignent. Ramon, Juanez et les pirates ressortent bruyamment de la venta.*)

SCÈNE VI

ANDRÈS, RAMON, JUANEZ, PIRATES.

JUANEZ.

Encore perdu, et plus rien à jouer!

RAMON.

Voyons, Juanez, encore une revanche... sur parole.

JUANEZ.

Une revanche?... Eh bien, soit!... cette revanche, je vais la prendre.

RAMON.

Aux cartes?

JUANEZ.

Non!

RAMON.

Aux dés?

JUANEZ.

Pas davantage!

RAMON.

A quoi donc?

JUANEZ.

Au couteau!

RAMON.

Hein?

JUANEZ.

Quitte ou double au premier sang.

ANDRÈS, à part.

Il hésite... Ce Juanez est l'âme damnée de Ribeiro.

JUANEZ, à Ramon.

Eh bien?

RAMON, avec résolution.

Eh bien!... (*Avec poltronnerie.*) Je refuse!

ANDRÈS, lui frappant sur l'épaule.

Je prends ta partie.

TOUS.

Andrès!...

ANDRÈS.

Juanez... tu es un coquin, mais tu n'es pas un lâche; tu acceptes, n'est-ce pas?

RAMON.

Prends garde, Juanez...

JUANEZ.

Oui, j'accepte... mais à lame franche et à mort.

ANDRÈS.

Très-bien... faites place, vous autres. (*Duel au couteau, Juanez est blessé.*) Je ne jouais pas pour mon compte, je ne te tuerai donc pas.

RAMON, à Juanez.

Décidément, tu n'as pas de chance. (*Il lui rend en riant le couteau qu'il avait laissé tomber. Andrès s'est couché nonchalamment, à demi appuyé sur le tigre, et roule entre ses doigts un papelito de maïs. Entrée brillante de Ribeiro, qui arrive à cheval au milieu des acclamations, entouré de vaqueros, de pirates et de nombreux serviteurs.*)

SCÈNE VII

LES MÊMES, RIBEIRO, SUITE.

RIBEIRO.

Compagnons, nous ne nous remettrons en route qu'au coucher du soleil. C'est ici que commencent mes frontières, et je veux qu'on fête royalement ma bienvenue. (*Il descend de cheval.*)

TOUS.

Vive Ribeiro!

RIBEIRO, à un pirate.

Aboral, c'est ici que je me séparerai de toi et de mes braves! Pendant que j'irai prendre possession de l'héritage de mon oncle, gardez-vous bien du croiseur américain qui nous surveille. Son équipage est nombreux et pourrait tenter un débarquement... Mais alors l'hacienda de Moralès servirait de refuge et de citadelle aux pirates de la savane. (*Musique au dehors.*) Quel est ce bruit?

JUANEZ.

Maître, c'est une troupe de mañolas et de sambos qui passe dans le ravin sur la route de Mexico.

RIBEIRO.

Amène-les de gré ou de force, et qu'ils viennent ici danser un de leurs sabbats. (*Juanez sort avec quelques pirates.*) Je song que rien ne manque à la fête; mettez au pillage tout ce que la venta contient de mezcal et de liqueurs fortes... allez...

TOUS, sortant.

Vive Ribeiro!

SCÈNE VIII

RIBEIRO, ANDRÈS.

RIBEIRO, apercevant Andrès.

Quel est cet homme? (*Il le reconnaît.*) Lui... encore ici, malgré ma défense. (*Il va vers Andrès.*) Holà! debout!... Ne m'entends-tu pas, Andrès?

ANDRÈS.

C'est à moi que tu parles?

RIBEIRO.

N'as-tu pas vu mes vaqueros?

ANDRÈS.

Je les ai vus.

RIBEIRO.

Ne t'ont-ils pas dit quels étaient mes ordres?

ANDRÈS.

Ils me l'ont dit.

RIBEIRO.

Et tu as l'audace de te retrouver sur ma route?

ANDRÈS.

Oui, j'ai cette audace-là.

RIBEIRO.

Que ce soit du moins la dernière fois!...

ANDRÈS.

La dernière!... je ne le crois pas.

RIBEIRO.

Si, demain, mes serviteurs te surprennent sur le sol de l'hacienda, ils te donneront la chasse à coups de lance et de mousquet.

ANDRÈS.

Ribeiro, regarde un peu...

RIBEIRO.

Quoi ?

ANDRÈS.

La place où j'ai frappé ce tigre...

RIBEIRO.

Eh bien ?

ANDRÈS.

Eh bien ! le jour où tu essayerais de réaliser la menace que tu viens de me faire, une balle sortie de cette carabine te frapperait à la même place !

RIBEIRO.

Ainsi, tu refuses de m'obéir ?

ANDRÈS, *se levant.*

Oui, parce que ce n'est pas à toi que devrait appartenir cette terre sur laquelle tu oses parler en maître !... Oh ! non ! ce n'est pas toi que le vieillard a choisi pour héritier, toi dont la vie n'a été qu'un tissu de violences, de perfidies, de mystères sanglants ; toi le chef secret de ces pirates qui épouvantent le Mexique de leurs crimes ; toi qui viens t'abattre sur la fortune du vieux planteur comme un chacal sur un cadavre !

RIBEIRO, *avec ironie.*

Cette fortune, prétendrais-tu la revendiquer, par hasard, toi le fils bâtard de Moralès, toi Andrès le métis, Andrès l'esclave ?

ANDRÈS.

Esclave !... J'aurais pu l'être toute la vie, car je suis venu au monde avec le signe fatal de la servitude, car la loi des hommes condamne mes pareils à cette dégradation ; mais en mourant mon père m'a donné la liberté, et je bénis mon père !... Sa fortune, d'ailleurs, appartenait à son fils légitime, à Fernand Moralès... à Fernand, mon frère devant Dieu... Pauvre Fernand ! qu'on a maudit parce qu'il avait aimé une femme jeune et belle ! Il avait cru que la vue de ses traits si doux et si purs toucherait le cœur du vieux Moralès, et il envoya d'Europe le portrait de son Hélène. Ce portrait, tu l'as vu comme moi à l'hacienda... Elle était pourtant bien belle, cette femme !... Mais, dur et impitoyable, le fier gentilhomme condamna à la misère le noble fils qui portait son nom...

RIBEIRO.

Il le traita comme il m'avait traité, moi, son neveu... il ne lui envoya plus d'argent.

ANDRÈS.

Alors, toi, tu te fis pirate ; Fernand, lui, se fit soldat ! et quand, tombé sur un champ de bataille, il écrivit de son lit de mort à son père pour lui recommander la pauvre petite créature, à qui il ne laissait que son nom, le vieillard ne put retenir ses larmes ; il luttait alors lui-même contre le mal qui devait l'abattre... Il me fit appeler, certain que j'exécuterais fidèlement ses dernières volontés, et, quand je l'eus pieusement enseveli de mes mains, je suis allé moi-même déposer chez don Isidorio Collantès le testament qui instituait légataire universelle Éva Moralès, sa petite-fille.

RIBEIRO.

C'est vrai... mais, quelques jours après, la maison d'Isidorio fut brûlée, par accident.

ANDRÈS.

Ou par crime !

RIBEIRO.

Bref, il ne reste plus vestige du testament ; le navire l'*Arkansas*, qui amenait au Mexique Éva et sa mère, a fait naufrage, elles ont péri toutes les deux comme je l'ai fait constater ; je suis donc à cette heure le seul héritier de mon oncle Moralès, et il n'y a personne... personne au monde qui puisse me disputer cette fortune !

ANDRÈS.

Ribeiro, tu ne comptes pas assez avec la Providence.

SCÈNE IX.

LES MÊMES, JUANEZ, *amenant les danseurs et les danseuses. De toutes parts rentrent les pirates et les vaqueros.*

JUANEZ.

Maître, voici les mañolas et les sambos. Ils se disent morts de fatigue, mais tes piastres et la pointe de nos couteaux vont leur rendre leurs forces.

RIBEIRO.

Bien, Juanez... que ces gens-là dansent jusqu'à ce qu'ils en meurent !

TOUS.

Vive Ribeiro !... (*Après la* RESBALOSA, *divertissement mexicain, Juanez ramène le cheval de Ribeiro.*)

JUANEZ.

Maître, voici l'heure que tu as toi-même fixée pour le départ.

RIBEIRO.

En route, compagnons. (*Il remonte à cheval.*) Mais je veux qu'on se souvienne de mon passage ici... A vous tous une part de l'héritage... A vous tous un peu de l'or du vieux Moralès. (*Il jette de l'or à la volée, et sort au milieu des cris de joie, accompagné par tout le monde. — Vargas et Miguel restent les derniers avec quelques hommes du peuple.*)

SCÈNE X

VARGAS, MIGUEL, MANUELITA, *puis* PAUL BÉRARD,

MANUELITA.

Alerte ! Alerte !... Vargas, mes amis, l'étrangère vient de s'échapper de la venta... Elle court comme une folle du côté de la forêt...

VARGAS.

Ah ! la malheureuse !

MANUELITA.

Elle va se faire écraser sous les pieds des chevaux ou rouler dans quelque précipice.

VARGAS.

Viens, Miguel, venez tous ; tâchons de la ressaisir, de la ramener ici... (*Ils sortent tous entraînés par Vargas.*)

MANUELITA.

Que Dieu ait pitié d'elle !

BÉRARD, *à la cantonade.*

Soigne bien ma mule, surtout.

MANUELITA.

Un étranger...

BÉRARD.

Et ne te grise qu'après lui avoir donné double ration... La pauvre bête est comme moi, elle n'en peut plus. (*Il s'assied.*) Ouf ! quelle poussière ! quel soleil ! Ah ! pays du diable ! je suis brisé ! je suis mort !

MANUELITA.

Votre Seigneurie désire-t-elle se rafraîchir ?

BÉRARD.

Ah ! ah ! c'est vous qui êtes l'hôtesse ?

MANUELITA.

Pour vous servir.

BÉRARD, *à part.*

Bon costume ! Il a du caractère... Jolie femme aussi... (*Haut.*) Donnez-moi à boire, tout de suite, quelque chose de bon, n'est-ce pas ?

MANUELITA.

Un pot de mezcal ?

BÉRARD.

Encore du mezcal, toujours du mezcal ! Ah çà ! mais vous ne vous doutez donc pas que c'est une abominable boisson ?

MANUELITA, *fièrement.*

C'est la liqueur nationale du Mexique !

BÉRARD.
Je ne lui en fais pas mon compliment... au Mexique.

MANUELITA, *souriant*.
Votre Seigneurie s'y habituera.

BÉRARD, *avec conviction*.
Jamais !... (*Avec résignation.*) Enfin ! va pour le mezcal... avec de l'eau, par exemple.

MANUELITA.
De l'eau ?...

BÉRARD.
Et beaucoup, même... (*Manuelita sort en riant.*) Elle trouve ça risible, que je demande de l'eau... elle le boit peut-être pur... elle !... (*Manuelita est rentrée, l'a servi, et s'est éloignée de nouveau; Bérard remplit son verre, et le boit avec répugnance.*) Et on médit de l'absinthe !... (*Apercevant Andrés.*) Tiens, l'homme au tigre... est-il campé, ce gaillard-là ?... si je le prenais sur mon album... c'est une idée, cela... (*Dessinant.*) c'est parfait comme attitude, comme groupe, le tigre est magnifique aussi...

ANDRÈS, *étonné et se soulevant*.
Qu'est-ce que vous faites donc là, vous ?...

BÉRARD.
Moi, monsieur ?...

ANDRÈS.
Oui.

BÉRARD.
Votre portrait...

ANDRÈS.
Vraiment ?

BÉRARD.
Ça ne vous contrarie pas ?...

ANDRÈS.
Pas du tout.

BÉRARD.
Merci. (*Il continue à dessiner.*)

ANDRÈS.
Je vous reconnais... c'est vous qui m'avez salué de la main quand j'ai tué le tigre ?

BÉRARD.
Oui, et j'ai sincèrement admiré votre sang-froid, votre courage...

ANDRÈS.
C'est me faire trop d'honneur...

BÉRARD.
Voulez-me dire votre nom ?...

ANDRÈS.
Andrés... et vous ?

BÉRARD.
Paul Bérard.

ANDRÈS.
Vous êtes Européen ?

BÉRARD.
Je suis Français.

ANDRÈS.
Tant mieux !

BÉRARD.
Pourquoi, tant mieux ?...

ANDRÈS.
Parce que la France est une grande nation...

BÉRARD, *ému*.
Merci pour mon pays, monsieur... (*Il se lève.*) Vous êtes croqué !... (*Souriant.*) A propos, dites-moi, vous devez aimer le mezcal, vous ?

ANDRÈS.
Mais oui...

BÉRARD.
Eh bien, sans façon, aidez-moi un peu à boire celui-ci...

ANDRÈS.
Volontiers...

BÉRARD, *à part*.
Il me paraîtra peut-être meilleur en le buvant à deux... (*Haut.*) A votre santé !...

ANDRÈS.
A la vôtre !... (*Ils choquent leurs verres et boivent.*)

BÉRARD, *à part*.
Décidément, j'aime encore mieux l'absinthe... (*Haut.*) Tenez, j'ai l'habitude bonne ou mauvaise de dire franchement ce que je pense...

ANDRÈS.
Comme moi...

BÉRARD.
Je ne vous connais pas... je vous rencontre pour la première fois, et il est probable que nous ne nous reverrons jamais... Eh bien ! vrai, j'ai de la sympathie pour vous... (*Fermant son album.*) Et je vous jure que je garderai précieusement ce souvenir... Voici ma main...

ANDRÈS.
Voici la mienne !...

BÉRARD.
A présent, donnez-moi du feu, et causons à cœur ouvert comme deux bons amis que nous sommes...

ANDRÈS.
C'est un long et pénible voyage que vous avez fait là...

BÉRARD.
Je vous en réponds !

ANDRÈS.
Et vous venez sans doute chercher fortune au Mexique...

BÉRARD.
Fortune? moi ?... non !... je suis à la recherche d'une femme...

ANDRÈS.
Aimée.

BÉRARD.
Je ne la connais même pas... Oh! c'est toute une histoire très-romanesque et très-bizarre : figurez-vous que, par suite de circonstances dont le récit serait trop long, nous nous sommes donné, deux amis et moi, la tâche de protéger un enfant... Et Dieu sait pourtant que je ne les aime guère, les enfants ! Par malheur, jusqu'à présent, notre voyage n'a encore amené aucun résultat favorable pour la petite.

ANDRÈS.
Ah ! c'est une fille ?

BÉRARD.
Oui, le plus joli minois qu'on puisse voir, le meilleur cœur qu'il y ait au monde.

ANDRÈS.
Continuez.

BÉRARD.
Un incendie, — il paraît qu'on brûle souvent au Mexique...

ANDRÈS, *souriant*.
Assez volontiers.

BÉRARD.
Un incendie, en détruisant tout un quartier, a détruit une pièce importante que nous espérions trouver à notre arrivée... Mais la perte d'une fortune ne serait rien pour l'enfant, si nous pouvions lui rendre sa mère...

ANDRÈS.
Sa mère ?

BÉRARD.
Tiens, on dirait que ça vous intéresse.

ANDRÈS, *vivement*.
Oui, oui...

BÉRARD.
De pauvres naufragés, questionnés par nous à Mexico, ont parlé de plusieurs compagnons d'infortune qu'ils avaient été contraints d'abandonner en chemin, et parmi ces derniers pourraient bien se trouver la femme que nous cherchons : alors, sur les indices recueillis, je me suis mis en campagne, après avoir laissé l'enfant sous la garde de mes deux amis.

ANDRÈS.
Et cet enfant, comment se nomme-t-il ?

BÉRARD.
Éva.

ANDRÈS.
Éva! dites-vous? Éva!

BÉRARD.
Oui...

ANDRÈS.
Et le nom... de... son père?

BÉRARD.
Moralès.

ANDRÈS.
Ah! justice divine!

BÉRARD.
Qu'a-t-il donc?... *(Grande clameur au dehors; les vaquéros et la foule rentrent tumultueusement; Manuelita court à Vargas qui apporte Hélène évanouie; on avance un siège; il la place dessus.)*

SCÈNE XI
LES MÊMES, MANUELITA, VARGAS, HÉLÈNE, RIBEIRO, JUANEZ.

MANUELITA.
Eh bien?...

VARGAS.
Ce que nous craignions est arrivé... Le maître, qui revenait au galop, a renversé l'étrangère sous les pieds de son cheval.

ANDRÈS.
Du secours...

MANUELITA.
O mon Dieu! il faudrait un médecin!

BÉRARD.
Un médecin... voilà... *(Il donne des soins à Hélène.)*

ANDRÈS.
Oh! sauvez-la, monsieur Bérard; c'est à vous plus qu'à personne qu'il appartient de la sauver.

RIBEIRO, *entrant, à part.*
Cette femme!... Est-ce une vision?... est-ce un spectre?

ANDRÈS, *s'approchant de lui.*
As-tu bien regardé cette femme, Ribeiro?...

RIBEIRO.
Moi?... non!

ANDRÈS.
Regarde-la donc.

RIBEIRO.
Pourquoi?

ANDRÈS.
Parce que tu reconnaîtras celle dont tu as vu le portrait à l'hacienda de Moralès.

RIBEIRO.
Folie!

ANDRÈS.
Tu l'as déjà reconnue.

RIBEIRO, *à part.*
Que ne l'ai-je écrasée, si c'est elle!...

ANDRÈS, *à Bérard.*
Eh bien, monsieur Bérard?

BÉRARD.
Rien de grave... quelques contusions légères... Elle va revenir à elle... Le pouls se ranime déjà. *(En prenant la main d'Hélène, il examine un bracelet avec une attention croissante.)* Voilà qui est étrange! Sur le fermoir de ce bracelet de cheveux, Andrès, voyez et lisez comme moi... Il y a bien là gravé le nom d'Éva.

ANDRÈS.
Oui, oui...

BÉRARD.
Mais alors, cette femme...

ANDRÈS, *avec force.*
Cette femme est Hélène Moralès...

TOUS.
Hélène Moralès!...

ANDRÈS.
J'en suis sûr, moi! *(A Ribeiro.)* Et toi aussi, n'est-ce pas?

BÉRARD.
Elle rouvre les yeux. *(Mouvement général.)* Chut!...

HÉLÈNE.
Où suis-je?... Ah! je me souviens!... hélas! pourquoi m'a-t-on sauvée?... Il fallait me laisser mourir, puisque ma fille est morte!... Elle est avec les anges, ma fille... Je la vois, tenez, là... Elle étend vers moi ses petites mains, elle me sourit, elle m'appelle...

ANDRÈS, *bas à Bérard.*
Mais, dites-lui donc qu'elle est vivante...

BÉRARD, *de même.*
Andrès... ce mot peut la tuer... J'ai peur!

HÉLÈNE.
Me voici, mon amour, me voici!... Ah! chimères, visions! Ma fille est morte!...

BÉRARD.
Hélène Moralès... *(En entendant son nom, elle tourne lentement la tête vers Bérard.)* Votre fille... est vivante...

HÉLÈNE.
Éva? elle?

BÉRARD.
Vivante!

HÉLÈNE.
Vous dites...

BÉRARD.
Vivante! *(Silence plein d'anxiété : tout à coup Hélène jette un grand cri et tombe à genoux, noyée de larmes.)* Elle pleure! elle est sauvée!

ANDRÈS, *élevant la voix.*
Je te le disais bien, Ribeiro, que tu ne comptais pas assez avec la Providence! Les deux êtres que tu croyais ensevelis sous les flots viennent te redemander l'héritage du vieux Moralès!

RIBEIRO.
Et quel titre invoqueront-ils?

ANDRÈS.
Tu vas le savoir. Écoutez tous. La nuit où la maison du dépositaire a été incendiée, un homme veillait; il est accouru, et se jetant au milieu des flammes, il a arraché un testament du meuble que le feu dévorait déjà... Cet homme, c'était Andrès, ce testament, le voici!

BÉRARD, *serrant la main d'Andrès.*
Je vous avais bien deviné; vous!

HÉLÈNE.
Éva... mon enfant, ma fille chérie... O vous, qui me la rendez, laissez-moi presser vos mains!... Mais où est-elle, monsieur, où est-elle?

BÉRARD.
A Mexico, sous la garde de deux amis qui lui sont dévoués comme moi.

HÉLÈNE.
Oh! mais je veux la revoir, la revoir tout de suite, la baigner de larmes, la dévorer de caresses.... Partons, partons!

RIBEIRO, *l'arrêtant.*
Écoutez-moi, Hélène... maintenant que vous avez retrouvé votre fille, je vous conseille de quitter sans retard le Mexique pour n'y jamais revenir!... Ne cherchez pas à me disputer la fortune des Moralès, n'engagez pas une lutte avec Ribeiro, car il y aurait danger pour vous. *(Baissant la voix.)* Pour votre enfant surtout.

HÉLÈNE.
Pour... mon enfant... *(Se rapprochant de Bérard et d'Andrès.)* Il menace mon enfant, cet homme!

ANDRÈS.
Rage impuissante!

HÉLÈNE, *à Ribeiro.*

Oh! je partirai, monsieur, j'emmènerai ma fille... je renonce à cette fortune... Qu'on me laisse Éva, ma vraie richesse, mon seul trésor... Quant à ce testament, qu'on le déchire, qu'on l'anéantisse.

ANDRÈS.

Par le ciel, je ne ferai pas cela!... Ne craignez rien, madame, nous allons nous rendre à Mexico, et là, avec l'appui de nos amis, sous la protection des magistrats, nous défierons cet homme.

RIBEIRO.

Ribeiro ne reconnaît pas d'autre loi que la force! (*Aux Pirates.*) Emparez-vous d'Andrès!...

ANDRÈS.

Le premier qui approche est mort. (*Il épaule sa carabine, les tient tous en respect, et arrive ainsi jusqu'aux marches du temple.*) Ribeiro... un outrage à cette femme, un coup porté à cet homme, et tu sauras comment je tue les tigres! Et maintenant, que ceux que j'ai secourus dans la savane se souviennent! adieu! (*Il disparaît à travers les ruines.*)

RIBEIRO.

Obéissez donc! Poursuivez-le donc!... feu sur lui! (*Quelques pirates courent à sa poursuite et tirent dans la coulisse.*)

BÉRARD.

Il n'est pas atteint... Il gagne du terrain.

SCÈNE XII

LES MÊMES, *moins* ANDRÈS.

BÉRARD.

Il est sauvé!

RIBEIRO.

Vous ne l'êtes pas, vous!... Hélène!... Andrès vient de condamner ta fille à mort.

HÉLÈNE.

Ah!

RIBEIRO.

Juanez, prends mon meilleur cheval et cours à la ville... tu chercheras, tu trouveras les deux hommes qui accompagnent l'enfant... Tu leur diras que tu es envoyé par le Français qu'on appelle Bérard, pour leur servir de guide vers l'hacienda de Moralès, où les attend la señora Hélène, miraculeusement sauvée...

JUANEZ.

Oui, maître...

RIBEIRO.

Puis, tu conduiras les voyageurs à la halte du Cèdre rouge. Ramon et ses hommes les y attendront.

BÉRARD.

Mes amis sont sur leurs gardes; ils soupçonneront un piége, ils ne suivront pas ce guide!

RIBEIRO.

Ils le suivront, car Juanez leur montrera le bracelet d'Hélène.

BÉRARD.

Ah! misérable! (*Il veut s'élancer sur Ribeiro. Les pirates le saisissent.*)

RIBEIRO, *arrachant le bracelet.*

Ce gage, envoyé par une mère à sa fille... à sa fille qui le reconnaîtra! (*Donnant le bracelet à Juanez.*) Allez! obéissez!...

VARGAS, *bas à Bérard, qui cherche à se dégager.*

Ne résistez pas! (*Bérard regarde avec surprise Vargas et Miguel, qui mettent un doigt sur leurs lèvres.*)

HÉLÈNE, *avec désespoir.*

Perdue! elle est perdue! (*Elle tombe à genoux devant la madone.—* Tableau.)

ACTE TROISIÈME

A droite, un plateau occupant au moins la moitié du théâtre. — Ce plateau est coupé à pic du côté gauche et un torrent le sépare d'une autre roche aussi à pic; au fond, le torrent qui vient tomber en large nappe entre les deux rives escarpées. On ne peut arriver sur le plateau que par un étroit escalier taillé dans le roc. — A droite, on ne peut en sortir que par une autre issue. — Au lointain, un immense panorama de lacs, de savanes et de forêts.

SCÈNE PREMIÈRE.

RAMON, TOLOBOS, PABLO, PIRATES. (*Les pirates sont groupés sur le plateau, autour d'un feu de bivouac. Tolobos est monté à l'extrémité supérieure du rocher de droite et semble surveiller l'horizon.*)

RAMON.

Eh bien, Tolobos, personne encore?

TOLOBOS.

Personne!

RAMON.

Ils doivent approcher, cependant.

TOLOBOS.

C'est bien de Mexico qu'ils viennent?

RAMON.

Oui. A un mille environ de ce plateau, Juanez tirera un coup de carabine pour nous avertir. Comme vous le voyez, mes braves, on ne pouvait mieux choisir son terrain pour une embuscade : Une fois arrivés ici, à la halte du Cèdre rouge, le gibier que nous guettons ne peut plus nous échapper, car un seul chemin taillé dans le roc mène à ce plateau, et au delà de cette roche, plus rien qu'un torrent infranchissable ou un abîme sans fond. (*Coup de feu au dehors.*)

TOLOBOS.

Le signal de Juanez!

RAMON.

Éteignez ce feu et faites disparaître les traces de notre campement... (*Les pirates obéissent à Ramon.*)

PABLO.

Les voici.

RAMON.

L'enfant n'est pas seul avec Juanez...

TOLOBOS.

Non. Deux hommes l'accompagnent.

RAMON.

Paraissent-ils bien armés?

TOLOBOS.

Jusqu'aux dents. (*Les pirates préparent leurs armes.*)

RAMON.

Évitons une lutte inutile et tenons-nous cachés là, sous ces rochers, jusqu'à ce que les voyageurs soient endormis. (*Les pirates se glissent le long des rochers, faisant face au public.*)

TOLOBOS.

Hâtons-nous. (*Il rejoint les pirates qui disparaissent en se cramponnant aux pierres et aux plantes. Ramon reste le dernier; Juanez paraît sur le plateau et se dirige rapidement vers lui.*)

JUANEZ, *à voix basse.*

Vous êtes prêts?

RAMON, *de même.*

Oui.

JUANEZ.

Bien.

RAMON.

Jette une pierre dans l'abîme, dès qu'ils dormiront.

JUANEZ.

C'est convenu, va. (*Ramon disparaît.* — *Élevant la voix et se tournant vers la cantonade.*) Laissez en bas les mules et les bagages, señores, et vous, montez ici... le chemin est rude pour arriver au Cèdre rouge, mais mon laço que je vous jette vous aidera à gravir la pente... Perez portera l'enfant.

SCÈNE II

JUANEZ, JONATHAN, DODORE, ÉVA. (*Jonathan monte le premier, s'aidant du laço jeté par Juanez; Dodore vient après, suivi de Perez qui porte Éva.*)

JONATHAN.

Merci.

DODORE.

Ouf!...

JUANEZ, *à Éva.*

N'ayez pas peur, señorita.

JONATHAN.

Peur?... La fille d'un soldat. (*Il embrasse Éva.*) Regardez donc, monsieur Pivoine, l'admirable vue qu'on a de ce plateau...

DODORE.

J'ai tant de poussière dans les yeux, sir Jonathan, que je ne vois plus rien du tout.

JONATHAN.

Plaignez-vous donc du voyage... Vous aviez une mule excellente.

DODORE.

Enragée, vous voulez dire; elle m'a rompu les os.

JONATHAN, *à Juanez.*

C'est ici que nous faisons halte?

JUANEZ.

Oui, señor, jusqu'au point du jour.

ÉVA.

Et maman? Quand verrai-je maman?

JUANEZ.

Demain, señorita... demain, nous arriverons à l'hacienda de Moralès, où vous attend votre mère.

ÉVA.

Oh! comme je l'embrasserai!..

JONATHAN.

Est-ce que vous n'êtes pas fatiguée, petite miss?

ÉVA.

Oh! non... c'est amusant d'aller à cheval!

DODORE, *à part.*

A cheval, oui, mais à mule!... Oh! les reins!

JONATHAN, *montrant Perez.*

Cet homme et moi, nous allons vous faire un bon lit... (*Aidé de Perez, il fait un lit avec des manteaux de voyage.*)

ÉVA, *à Dodore.*

Regarde donc la jolie pierre que je viens de trouver.

DODORE.

Ce caillou... donne... si c'était de l'or! Ah! bonne petite fée, va!...

ÉVA.

Qu'est-ce que tu as donc?

DODORE.

Cherche encore des cailloux.

ÉVA.

Ah! bien non, j'ai sommeil...

JONATHAN, *à Éva.*

Venez, c'est prêt. Bonne nuit, chère petite.

ÉVA.

Oh! je ne m'endors jamais sans avoir fait ma prière. (*A genoux et joignant les mains.*) Mon Dieu, prenez mon cœur; dites à mon ange gardien de veiller sur moi et rendez à maman sa petite fille qui l'aime. (*Les deux pirates se sont découverts pendant qu'elle priait.*) A demain, maman, à demain.

DODORE, *à Juanez.*

Caballero, voulez-vous bien me débarrasser de mon sabre et de ma carabine?

JUANEZ.

Avec plaisir, señor.

DODORE.

Sans me toucher, si c'est possible. (*Juanez va un peu brusquement.*) Oh! doucement... bien doucement... Je ne suis que plaies et bosses.

JUANEZ, *remettant les armes à Perez.*

Ce garçon-là ne sera pas dangereux.

JONATHAN.

Demain, nous reverrons notre brave Bérard. Oh! j'en serai bien heureux!

DODORE, *bâillant.*

Et moi donc! D'abord, nous serons trois.

JONATHAN.

Nous avons suivi sans hésitation le guide qu'il nous envoyait. (*Montrant le bracelet d'Hélène.*) Ce gage inespéré devait nous décider à partir.

JUANEZ, *à part.*

Il ne va donc pas quitter ses armes, celui-là? (*Bruit au dehors.*)

DODORE, *effrayé.*

Hein? qu'est-ce que c'est? (*Jonathan arme un revolver.*)

JUANEZ.

Rassurez-vous... c'est une de nos mules qui a brisé ses entraves pour aller boire au torrent. Oh! vous pouvez reposer tranquilles, señores, tranquilles comme cet enfant qui n'a rien entendu.

JONATHAN.

C'est vrai, elle dort déjà!... Eh bien! faisons comme elle, monsieur Pivoine; vous n'avez pas l'intention de dormir debout, je suppose?

DODORE.

Non; mais pour se coucher, il faut commencer par s'asseoir... et c'est là le difficile... Oh! satanée mule! (*Cherchant à se coucher.*) Oh! aïe! aïe! (*Il s'étend avec peine.*) Ah! enfin!... je ne serai pas trop mal comme ça... Bonsoir, sir Jonathan.

JONATHAN.

Bonsoir, monsieur Pivoine. (*Un silence pendant lequel Juanez et Perez s'assurent qu'ils sont endormis. Juanez prend une pierre, il la jette dans l'abîme, on voit remonter les autres pirates. Au moment où les premiers reparaissent, Dodore éternue en dormant et ils se renfoncent vivement dans les rochers. Un instant après ils remontent sur le plateau.*)

SCÈNE III.

LES MÊMES, RAMON, TOLOBOS, PABLO, PIRATES.

JUANEZ, *bas.*

A l'enfant, d'abord.

RAMON, *de même.*

Je m'en charge. (*Il tire son poignard et s'approche d'Éva.*)

ÉVA, *rêvant.*

Mon Dieu... prenez mon cœur... (*Ramon lève le bras. Pablo l'arrête.*)

RAMON.

Que fais-tu?

TOLOBOS.

Tu ne la frapperas pas pendant qu'elle prie.

RAMON.

Laisse donc...

TOLOBOS.

Je ne le veux pas, moi!... (*Il lui arrache le poignard, qui tombe à terre; le bruit qu'il fait en tombant réveille Jonathan et Dodore.*)

JONATHAN.

Alerte! A nos armes! (*On se jette sur eux et on les garrotte.*) Bandits! misérables!...

DODORE.

Qu'est-ce qu'il y a?... Oh! les vilaines figures! (*On l'attache.*) Sapristi! ne serrez pas si fort!...

ÉVA, *s'éveillant.*

Ah! (*Juanez la saisit.*)

JONATHAN.

Que voulez-vous à cette enfant?

JUANEZ.

Ce collier d'abord... (*Il détache le collier d'Éva*) pour prouver à Ribeiro que ses ordres ont été exécutés... et puis, au torrent l'héritière.

JONATHAN.

Au torrent! Arrêtez!

DODORE.

Arrêtez!

ÉVA.

Grâce! grâce!... (*Un pirate enlève l'enfant et se dirige avec elle vers le bord de l'abîme. Au moment où il se dispose à l'y précipiter, on entend une détonation : Le pirate, frappé au cœur, abandonne Eva et tombe dans le gouffre.*)

JONATHAN.

By God! voilà du secours qui nous arrive.

JUANEZ.

C'est Andrès! (*Mouvement d'hésitation dans la bande. Eva s'est réfugiée près de Dodore.*)

ÉVA.

Maman, maman!

JUANEZ, *aux pirates.*

Allons, avez-vous peur? (*L'un d'eux s'élance vers Eva pour s'emparer d'elle : une autre détonation se fait entendre, et frappé comme le premier, il disparait aussi dans l'abîme.*) Ah! démon!

JONATHAN.

Hourra! hourra! (*Eva s'est blottie près de lui.*)

DODORE.

Est-ce qu'il y a des zouaves, par ici?

RAMON.

Ne lui laissons pas le temps de recharger son arme. (*Andrès parait au haut de l'escalier au moment où ils s'élancent pour ressaisir Eva.*)

SCÈNE IV.

LES MÊMES, ANDRÈS.

ANDRÈS.

Arrêtez! Ce testament pour la vie d'Éva!

TOLOBOS.

JUANEZ.

Non! non! qui nous payera celle de nos camarades?

ANDRÈS.

La mienne.

JUANEZ.

Que dis-tu?

ANDRÈS.

Rendez à Ribeiro l'héritage de Moralès, mais laissez vivre l'enfant et je me livre à vous pour mourir à sa place.

TOUS.

Accepte, Juanez, accepte!...

JUANEZ.

Soit. A ces conditions l'enfant vivra.

ANDRÈS.

Jure-le sur ton salut éternel!...

JUANEZ.

Je le jure!...

ANDRÈS.

C'est bien. (*Il livre d'une main sa carabine, de l'autre le testament.*) Me voici. (*On se précipite sur lui.*)

JUANEZ.

Attachez-le là!... (*Les pirates le garrottent à un tronc d'arbre.*)

DODORE.

Sir Jonathan!... Sommes-nous bien éveillés?

JONATHAN.

Oh! oui... et bien attachés, malheureusement.

JUANEZ.

Je tiendrai ma parole... mais il faut que Ribeiro croie à la mort de l'enfant pour que nous ne perdions pas la récompense promise. Je vais monter à cheval et courir à l'hacienda; je donnerai au maître ce collier, ce testament, et je lui dirai que nous l'avons délivré de tous ses ennemis. Toi, Tolobos, emmène la petite bien loin, de l'autre côté du Rio-d'Or, et qu'on n'entende jamais parler d'elle.

Allons viens, Bambina.

ANDRÈS.

Attendez!...

JUANEZ.

Que veux-tu?

ANDRÈS.

Regarder cet enfant, lui dire une dernière parole, lui donner un dernier baiser.

TOLOBOS.

Il va mourir! on ne peut pas lui refuser ce qu'il demande.

JUANEZ.

Soit. (*Tolobos amène Eva près d'Andrès.*)

ANDRÈS.

Chère petite! Oui, voilà bien les traits de Fernand, de mon frère!... Ecoute, Eva, j'avais juré à ta mère de donner ma vie pour la tienne, Dieu est tout-puissant. Tu reverras ta mère. Alors, mon enfant, souviens-toi d'Andrès, et prie pour lui... pour lui qui aura tenu son serment. (*Il l'embrasse, l'enfant lui jette les deux bras au cou et lui rend son baiser.*)

JUANEZ.

Emmène-la, Tolobos. (*L'enfant résiste.*) Emmène-la donc! Vous autres, vous pendrez ces trois hommes au Cèdre rouge... Andrès d'abord. (*Juanez sort d'un côté. Tolobos s'éloigne de l'autre, emportant Eva, qui se débat, sanglote et tourne vers Andrès et Jonathan ses petites mains suppliantes.*)

JONATHAN, *à part.*

Et la foudre n'écrasera pas ces coquins!

SCÈNE V

ANDRÈS, JONATHAN, DODORE, RAMON, PABLO, PIRATES.

RAMON.

Pablo, prépare les cordes. (*Le pirate désigné suspend un laço à une des branches du Cèdre rouge.*) (*A Andrès.*) Te voilà donc en notre pouvoir, Andrès le mulâtre, Andrès l'esclave!

ANDRÈS.

Le lion ne répond pas aux chacals.

LES PIRATES.

A mort! A mort!

RAMON, à Pablo.

Presse un peu (*montrant Jonathan et Dodoré*), ces gentilshommes s'impatientent.

DODORE.

Mais non, mais non... Il est charmant, ce monsieur-là... Mourir! mourir pendu... à la fleur de l'âge! A la veille d'être millionnaire!

JONATHAN.

Il faut en prendre son parti, M. Pivoine.

DODORE.

Non... Ça ne peut pas m'arriver,... ma somnambule me l'aurait prédit. (*Comme frappé d'un souvenir.*) M. Jonathan, à quel jour sommes-nous?

JONATHAN.

A vendredi.

DODORE.

Vendredi!... vendredi soir... Ah! s'il était seulement minuit, tout serait changé!

JONATHAN.

Nous serions pendus un samedi. Voilà tout.

DODORE.

Arrivons au samedi, sir Jonathan, et nous sortirons d'affaire, je vous le garantis.

JONATHAN.

Pourquoi cela?

DODORE.

Parce que ma somnambule m'a prophétisé que le plus grand bonheur de ma vie m'arriverait un samedi, et ce grand bonheur-là ne peut pas être une pendaison.

JONATHAN.

Mon cher monsieur Pivoine, je ne crois pas du tout à votre somnambule, mais il est toujours bon de gagner du temps, et je vais essayer, by god! (*A Ramon.*) Seigneur hidalgo... voulez-vous avoir l'extrême courtoisie de me dire l'heure qu'il est à la montre que vous m'avez... empruntée?

RAMON.

Onze heures cinquante!...

DODORE, *bas à Jonathan.*

Dix minutes à gagner et nous sommes sauvés!

PABLO.

C'est prêt.

JONATHAN, *à part.*

Diable!

RAMON.

Andrès d'abord...

JONATHAN.

Attendez... deux mots, je vous prie, señor hidalgo!...

RAMON.

J'écoute.

JONATHAN.

M. Théodore Pivoine, mon ami, que je vous présente, est très-superstitieux, et je vous avoue qu'il lui serait on ne peut plus désagréable d'être pendu un vendredi.

RAMON.

Je conçois cela. C'est un mauvais jour. Eh bien, on le tranchera le dernier. C'est convenu.

JONATHAN.

Pardon, pardon... C'est que moi, d'un autre côté, je ne veux pas m'en aller au ciel tout seul... ça m'ennuie... J'ai donc l'honneur de vous demander un délai pour nous trois.

RAMON.

Impossible.

JONATHAN.

Voyons... dix minutes pour mille piastres,

RAMON.

Cent piastres par minute... Caspita! vous avez donc de l'argent? (*Les pirates s'apprêtent à le fouiller.*)

JONATHAN.

Je n'en ai plus... vous avez daigné me prendre tout ce que j'avais.

RAMON, *avec dédain.*

Eh bien, alors? (*Il fait signe de les pendre.*)

JONATHAN.

Attendez donc!... Si mes poches sont vides, les coffres de l'Américain Samuel Town ne le sont pas; vous savez qu'ils contiennent des millions.

RAMON.

Oui, oui, c'est le plus riche banquier de Mexico.

JONATHAN.

Sur un bon signé de moi, Samuel Town payera les piastres que je vous offre. (*Mouvement parmi les pirates.*)

RAMON.

Vrai?

JONATHAN.

Vous acceptez.

RAMON.

Vous allez faire votre billet à l'instant même.

JONATHAN.

Volontiers, mais pour écrire il faut mes mains; je ne peux pas écrire sans mes mains.

RAMON.

C'est juste. (*A un pirate.*) Coupe ces cordes. (*Le pirate obéit.*)

JONATHAN, *à part.*

C'est toujours ça. (*Une grande lueur éclaire le plateau.*)

PABLO.

Camarades, la savane est en feu...

TOUS.

La savane!...

JONATHAN.

Qu'est-ce que cela veut dire?

RAMON.

Cela veut dire que le lieutenant Aboral est un habile homme... et que, poursuivi de trop près sans doute par l'équipage du croiseur américain, et pour fermer la route aux Yankees, il aura fait incendier la savane.

JONATHAN, *bas à Dodore.*

Il y a des Américains dans les environs, monsieur Pivoine... Si nous pouvions nous tirer des griffes de ces coquins, ils verraient beau jeu!

RAMON.

Ici nous sommes à l'abri des flammes et de vos compatriotes... Faites-vous votre billet?...

JONATHAN.

Sans doute, mais pour écrire... il faut bien des choses.

RAMON.

Le camarade don Perez a été étudiant, c'est l'alcade de la troupe, et il porte toujours sur lui encre, plumes, papier... et pupitre. (*Il fait mettre Perez à genoux, et Jonathan écrit sur le dos de celui-ci.*) Voilà!

JONATHAN.

C'est admirable!

RAMON.

Écrivez!

JONATHAN, *écrivant.*

Sir Samuel Town payera à l'ordre de... Pardon, quel est le plus titré de ces messieurs?

RAMON.

C'est moi.

JONATHAN.

Dictez, noble hidalgo, dictez vos noms, et n'en oubliez pas, surtout... Nous disons à l'ordre de don...?

RAMON.

Ramon.

JONATHAN, *écrivant.*

Ramon.

RAMON.

Anastasio.

JONATHAN.

Quel joli nom... Anastasio!... Je voudrais m'appeler Anastasio.

RAMON.

Mendoza.

JONATHAN.

Mendoza...

RAMON.

Di Santa-Fé.

JONATHAN.

Di San-café.

RAMON.

Santa-Fé.

JONATHAN.

San-café... oui... après?

RAMON.

Y Cardoval, y Rio-Grande, y Bustamente y Calavero. Voilà tout.

JONATHAN.

Oh! pas si vite... pas si vite.

RAMON.

Y Cardoval... y Rio-Grande... y Bustamente...

JONATHAN.

Buse... tamente...

RAMON.

Y Calavero.

JONATHAN.

Cadavero...

RAMON.

Cala...

JONATHAN.

Cala... oui... Cadavero...

RAMON.

Voilà tout...

JONATHAN, *sur le même ton.*

Voilà tout...

RAMON.

Mais ça n'est pas un nom... Je veux dire que c'est fini...

JONATHAN.

Ah! très-bien... et... vous êtes sûr de n'en avoir pas oublié? (*Il écrit.*)

ANDRÈS, *à part.*

Brisé, vaincu par la fatigue, je m'étais endormi... et dans mon sommeil j'avais vu resplendir comme une aurore... Un ange du Seigneur descendait vers moi pour me délivrer... Oh! c'était un beau rêve. (*Éva paraît au haut de l'escalier et commence à descendre sans être aperçue des pirates groupés autour de Jonathan.*)

SCÈNE VI

LES MÊMES, ÉVA.

ÉVA, *à part.*

Je ne me suis pas trompée de chemin!...

ANDRÈS, *à part, voyant Éva.*

Oh! le voilà, l'ange que Dieu m'envoie!

ÉVA, *à part.*

Si j'osais... Je suis si petite, on ne me verra pas! (*Elle descend l'escalier et va se cacher derrière le tronc d'arbre auquel est attaché Andrès.*)

RAMON.

Signez maintenant...

DODORE.

Quelle heure est-il?

RAMON.

Minuit trois minutes.

DODORE, *bas à Jonathan.*

Minuit trois minutes... Signez sans crainte... nous sommes à samedi.

JONATHAN, *de même.*

Et si ma montre avance, monsieur Pivoine? Enfin, à la grâce de Dieu! Don Ramon, voilà votre billet.

DODORE, *à Jonathan.*

C'est le moment où un bonheur doit m'arriver.

JONATHAN, *l'œil sur le Cèdre.*

Nous allons bien voir ça...

RAMON, *prenant le billet.*

J'encaisse... Don Pablo, commence par Andrès. (*Au moment où le pirate s'approche d'Andrès, celui-ci, dont les mains ont été déliées par Éva, le renverse, saisit une hache et frappe. — Jonathan saute sur les revolvers qu'on lui avait pris et ajuste un pirate.*)

JONATHAN.

J'ai signé... je paye! (*Le bandit tombe mort, deux autres se sauvent par l'escarpement. Ramon a pu saisir une carabine, mais Dodore se roule dans ses jambes et le fait tomber; Ramon se relève et s'élance à travers les rochers. Jonathan tire sur lui.*)

JONATHAN.

Maladroit! je l'ai manqué! (*Ramon disparaît.*)

SCÈNE VII

ANDRÈS, JONATHAN, DODORE, ÉVA.

DODORE.

Victoire! victoire! vive ma somnambule! vive le samedi!

JONATHAN.

Andrès! je peux donc vous serrer la main.

ANDRÈS.

Ce n'est pas moi qui vous ai délivrés. (*Éva se montre.*) C'est elle.

JONATHAN.

Chère petite, comment donc as-tu pu échapper au bandit qui t'emmenait?

ÉVA.

Nous n'étions pas encore loin quand une grande lueur a brillé... Pour aller voir ce que c'était, le méchant m'a quittée, en m'ordonnant de l'attendre... et je ne l'ai pas attendu.

DODORE.

Mais, comment as-tu fait pour revenir ici?

ÉVA.

Je me suis souvenue du Petit Poucet, et j'ai retrouvé ma route.

DODORE, *attendri.*

Elle s'est souvenue du Petit Poucet!

ANDRÈS.

Partons maintenant, partons vite... Où sont vos montures ?

JONATHAN.

Là, au pied de ces rochers.

ANDRÈS.

Bien... venez ! (*Ils se disposent à descendre, lorsque des coups de feu partent du fond.*) Impossible ! Les pirates qui viennent de fuir se sont embusqués dans cette gorge, et ils nous ferment le passage.

JONATHAN, *montrant l'escalier.*

De ce côté ?

ANDRÈS.

Oui, peut-être. (*On entend des rumeurs lointaines.*) Impossible encore... c'est l'autre bande que les Américains poursuivaient... le scélérat que vous avez manqué a rejoint ses camarades, et il les ramène.

JONATHAN.

Vous croyez ?

ANDRÈS.

J'en suis sûr... Les entendez-vous gravir les rochers ?

JONATHAN.

Mais alors, nous sommes perdus.

ANDRÈS.

Pas encore... Il nous reste un moyen de leur échapper.

JONATHAN.

Lequel ?

ANDRÈS.

C'est de passer sur l'autre rive.

JONATHAN.

Comment ? Il n'y a pas de pont.

ANDRÈS.

Je vais en faire un. (*Il attaque le pied du cèdre à grands coups de hache.*) Aidez-moi, sir Jonathan ! (*A Dodore.*) Vous, faites rouler ces pierres sur la tête de ceux qui gravissent de ce côté... les autres sont encore loin. (*A Éva.*) Toi, mon enfant, regarde et préviens-nous quand tu apercevras quelque chose. (*Dodore se met aussitôt à faire rouler des pierres; Éva, montée sur l'escalier, regarde au dehors. Pendant ce temps, Jonathan, qui a pris la hache d'un pirate mort, frappe aussi à coups redoublés le cèdre, qui penche peu à peu; enfin, ils le poussent des épaules, et sa cime brisée va s'abattre avec fracas sur l'autre rive. Les rumeurs se rapprochent.*) Elle, d'abord ! (*Il prend Éva dans ses bras et passe lentement et avec précaution sur le tronc de l'arbre renversé.*) A vous, maintenant

DODORE.

Il faut que je passe là-dessus, moi?...

JONATHAN.

Vite, vite... (*Dodore se risque et trébuche.*)

JONATHAN.

A vous, monsieur Pivoine.

DODORE.

Si ça vous est égal, je vais passer comme ça. (*Il traverse sur les genoux et sur les mains.*) Oh ! je ne reviendrai plus par ici !... J'aime mieux le pont des Arts...

JONATHAN, *passant à son tour.*

Mais ils vont nous suivre.

ANDRÈS.

Je les en empêcherai bien. (*Il revient sur le plateau. Quelques coups de feu au dehors.*) Enfoncez-vous dans la forêt pour éviter les balles ; marchez toujours vers le sud et ne vous arrêtez qu'à la savane. Moi, je vais fermer la route aux pirates. (*Il ressaisit la hache et frappe de nouveau le tronc du cèdre.*)

JONATHAN.

Malheureux ! mais c'est vous perdre !

ANDRÈS.

Les voici... Sauvez Éva... partez ! partez ! (*Jonathan et Dodore s'éloignent avec l'enfant; Andrès donne au cèdre les derniers coups de hache qui doivent le détacher entièrement; l'arbre s'engloutit au moment où Ramon et les pirates rentrent en scène. — Combat entre les pirates et Andrès.*)

RAMON.

C'est lui... nous le tenons !

ANDRÈS.

Pas encore ! (*Il le poignarde.*) Que Dieu me protége !

RAMON, *mourant.*

Feu sur lui ! (*Andrès s'élance dans le torrent au milieu des coups de fusil, puis on le voit reparaître entraîné dans la chute d'eau, à travers la nappe transparente qui se précipite dans l'abîme.*)

ACTE QUATRIÈME

Une terrasse de l'*hacienda* de Moralès. A droite, un pavillon auquel on arrive par plusieurs marches. Au fond, coule une rivière séparée de la terrasse par une balustrade ; au delà de la rivière, quelques buissons de verdure ; plus loin encore un vaste horizon.

SCÈNE PREMIÈRE

BÉRARD, HÉLÈNE, VARGAS. (*Hélène est à demi couchée sur un canapé de bambous. Bérard est assis près d'elle, appuyé sur un guéridon qui les sépare. Vargas se tient debout devant eux.*)

BÉRARD.

Vous l'entendez, madame, Andrès défendra votre fille contre ses ennemis, quels qu'ils soient, et il l'amènera triomphante dans cette hacienda de Moralès, où vous êtes prisonnière aujourd'hui..., mais où vous commanderez demain.

HÉLÈNE.

Comment Andrès luttera-t-il seul contre les nombreux émissaires de Ribeiro ?

VARGAS.

Andrès n'a jamais compté ses ennemis et les a toujours vaincus. (*Ici on voit passer au fond Juanez, conduit par un esclave, et qui disparaît à gauche.*)

HÉLÈNE.

Je crois reconnaître cet homme.

BÉRARD.

Oui... c'est le misérable qu'on avait chargé d'enlever Éva à mes amis qui la gardent.

VARGAS.

Vous voyez que le chacal revient sans sa proie.

HÉLÈNE.

Oh ! n'importe, la vue de cet homme a réveillé toutes mes terreurs... toutes mes angoisses.

SCÈNE II

LES MÊMES, MIGUEL.

MIGUEL, *appelant avec précaution.*

Vargas ?

VARGAS.

C'est toi, Miguel ?... Approche. (*A Hélène.*) Celui-là aussi est dévoué corps et âme à Andrès. (*A Miguel.*) Qu'y a-t-il ?

MIGUEL.

Là-bas... dans la savane... j'ai entendu le cri de ralliement des Trappeurs... puis une fumée blanche, comme celle d'une amorce brûlée, s'est élevée au-dessus du bois de magnolias. Ce signal nous est donné par un ami... par Andrès peut-être.

BÉRARD, à Hélène.
Andrès ?
VARGAS.
Et tu n'as pas couru ?
MIGUEL.
Impossible de quitter le poste que le maître m'a donné... Mais toi, tu peux sortir.
VARGAS.
Et je pars. Rassurez-vous, señora ; si Andrès est là, c'est que vous n'avez plus rien à craindre pour votre fille... A bientôt... Oh ! j'aurai de bonnes nouvelles à vous donner. (Il sort vivement à droite.)
MIGUEL.
Señor Français... le maître m'a ordonné de vous rendre... (Il lui remet un album.)
BÉRARD.
Mon album.
MIGUEL.
Je dois conduire la señora dans l'appartement qu'on vient de préparer pour elle... La señora y sera seule et tout à fait en sûreté, car ce pavillon est sous ma garde.
BÉRARD.
A la bonne heure.
MIGUEL.
Le maître, qui vient de s'enfermer chez lui avec Juanez, un de ses démons, prie le señor Français de l'attendre ici.
BÉRARD.
Allez, madame... après tant de secousses, de douleurs et de fatigues, un peu de repos vous est bien nécessaire.
HÉLÈNE, à Miguel.
De l'appartement où vous devez me conduire, verrai-je la savane ? pourrai-je découvrir l'endroit d'où la fumée blanche s'est élevée ?
MIGUEL.
Oui, señora...
HÉLÈNE.
Ma fille est là, peut-être. Venez... venez... (Miguel conduit Hélène dans le pavillon à droite.)

SCÈNE III

BÉRARD, seul.

Allons... nos affaires vont mieux. Ah ! elles avaient mal commencé. Quand je me suis vu désarmé, sanglé comme un ballot sur une mule, je n'avais plus qu'une incertitude : serai-je fusillé ou pendu ? C'était triste !... Enfin, j'avais toujours rêvé des émotions violentes, des dangers inconnus, des aventures impossibles... Eh bien, me voilà servi à souhait ! Ah ! que je me retrouve libre... une bonne carabine en main... alors je montrerai à ces bandits des savanes ce que c'est qu'un enfant de Paris doublé d'un peu d'Afrique. Cette campagne est vraiment admirable... c'est dommage qu'on y récolte tant de coquins. (Il dessine.)

SCÈNE IV

BÉRARD dessinant ; RIBEIRO, suivi de JUANEZ et venant de la gauche.

RIBEIRO, à Juanez, pendant que Bérard dessine.
Je suis content de toi, Juanez. Tu as la récompense promise, va la partager avec Ramon et les autres. Avant de partir, entre là, et dis à la señora Moralès que je veux lui parler. (Juanez entre dans le pavillon.)
RIBEIRO, allant à Bérard.
Que faites-vous donc là, monsieur Bérard ?
BÉRARD.
Je dessine ce pavillon, pour rapporter en France un souvenir de la propriété de mademoiselle Moralès.
RIBEIRO.
Vous croyez donc qu'elle la possédera un jour ?

BÉRARD.
Je ne le crois pas, j'en suis sûr.
RIBEIRO.
Vraiment !
BÉRARD.
Demain, tout à l'heure, peut-être, la véritable propriétaire de l'hacienda entrera chez elle, et...
RIBEIRO.
Et m'en fera partir, n'est-ce pas ? Mais pour cela, il faudrait représenter d'abord...
BÉRARD.
Le testament de Moralès ? Vous savez bien qu'on le produira quand il en sera temps, puisqu'il est dans les mains d'Andrès.
RIBEIRO.
Il n'y est plus.
BÉRARD, riant.
Vous croyez ?
RIBEIRO.
A mon tour, je ne crois pas, je suis sûr ; ce testament...
BÉRARD.
Eh bien ?
RIBEIRO.
Le voilà.
BÉRARD.
Allons donc !
RIBEIRO.
Vous doutez... Alors, veuillez écouter. (Lisant.) « Je donne et lègue tout ce que je possède à Eva Moralès, fille de mon bien-aimé et bien regretté fils Fernand. Signé : Grégorio Moralès. » Oh ! cette écriture est bien celle de mon oncle ; ce testament est parfaitement en règle... Au Mexique comme en France, il serait inattaquable... Vous l'avez vu... mais après vous nul ne le verra. (Il le brûle à un brasero.)
BÉRARD.
Infâme !... Si l'en a arraché ce testament à Andrès... c'est qu'Andrès est mort.
RIBEIRO.
Ne l'avais-je pas condamné ?
BÉRARD.
Eva, du moins, a pu échapper à ta haine. Ton messager n'a pas réussi à l'enlever à mes amis... ils n'ont pas donné dans le piége... Eva est encore à Mexico.
RIBEIRO.
Eva a quitté Mexico hier.
BÉRARD.
Mais alors qu'est-elle devenue ?
RIBEIRO, montrant Hélène qui entre.
Ce n'est pas à vous que je veux le dire.

SCÈNE V

LES MÊMES, HÉLÈNE.

HÉLÈNE, à part, regardant à l'horizon.
Rien... je n'ai rien vu.
RIBEIRO.
Approchez, señora ; je ne suis plus votre ennemi, car je n'ai plus rien à craindre de vous ni de votre protecteur.
HÉLÈNE.
Andrès...
RIBEIRO.
Andrès vous a mal servie ; il ne vous a pas laissé suivre la bonne pensée que vous aviez eue d'anéantir le testament de mon oncle... Il m'a forcé de le lui arracher... Voyez, il n'en reste plus que des cendres... Ah ! la protection d'Andrès porte malheur.
BÉRARD.
Oh ! ne la torturez pas ainsi.... Quelle qu'elle soit, dites-nous la vérité.
HÉLÈNE.
Oh ! oui, monsieur, la vérité !... la vérité !...

RIBEIRO.

Eh bien! Eva a quitté la ville, comme je vous l'avais annoncé... sous la garde, il est vrai, des amis de M. Bérard, mais sous la conduite de Juanez... de Juanez qui avait reçu mes instructions.

HÉLÈNE.

Oh! monsieur, ne vous faites pas un jeu de ma douleur... Vous n'avez pas pu condamner un pauvre enfant!... un tigre en aurait eu pitié... Vous voulez m'effrayer, n'est-ce pas?... Vous voulez que je vous demande grâce pour ma fille... Rendez-la-moi, monsieur, et j'oublierai le mal que vous m'avez fait; rendez-la-moi, et je vous pardonnerai, je vous bénirai, monsieur!

BÉRARD.

Ah! relevez-vous, madame, relevez-vous donc!... Vous n'auriez pas prié cet homme si vous aviez lu comme moi dans ses yeux qu'il ne fallait attendre de lui ni grâce ni pitié!... Oui, Andrès a été vaincu; oui, Andrès est mort...

HÉLÈNE.

Mort!

BÉRARD.

Mais votre fille existe... mais elle n'est pas au pouvoir de cet homme... Sa haine n'aurait pu se contenir aussi longtemps... Il vous aurait déjà tuée en vous disant : J'avais condamné votre enfant, votre enfant est mort... Et vous étiez à ses genoux, madame! On ne s'humilie pas devant le crime, on ne s'abaisse pas devant le bourreau!

RIBEIRO.

Tenez, madame, voyez ce que contient ce papier...

HÉLÈNE.

Ce papier... (*Elle le prend des mains de Ribeiro.*)

RIBEIRO.

Et ne maudissez qu'Andrès... (*Il sort.*)

SCÈNE VI

HÉLÈNE, BÉRARD, *puis* VARGAS.

HÉLÈNE.

Qu'a-t-il voulu me dire ?

BÉRARD.

Ouvrez ce papier, madame.

HÉLÈNE, *poussant un cri.*

Ah!... le collier d'Eva!...

BÉRARD.

D'Eva?...

HÉLÈNE.

Le collier portant la même plaque que mon bracelet... Oh! plus de doute, ma fille est en son pouvoir... Il l'a tuée!

VARGAS, *entrant.*

Vous êtes seuls?

BÉRARD.

Oh! tu nous as trompés, toi... Andrès est mort, Eva est perdue, peut-être ?

VARGAS.

C'est Ribeiro qu'on trompe : Andrès existe, Eva est en sûreté.

BÉRARD.

Andrès?

HÉLÈNE.

Eva ?

VARGAS.

Je les ai vus.

HÉLÈNE.

Tu as vu ma fille ?

VARGAS.

Tout à l'heure.

HÉLÈNE.

Oh! c'est bien vrai, n'est-ce pas ?... Tu serais plus cruel que Ribeiro si tu me trompais.

VARGAS.

Vargas n'a jamais menti.

HÉLÈNE.

Elle existe, elle est libre, tu l'as vue?...

VARGAS.

Alors, ce signal aperçu dans la savane...

VARGAS.

C'était Andrès qui l'avait donné, Andrès qui n'a échappé à la mort que par miracle. Il a tenté de se rapprocher de l'hacienda, car il voulait vous rassurer; puis il ira vous attendre dans le bois de Santa-Cruz, de l'autre côté de la rivière... à un endroit qu'il m'a désigné et où je vous conduirai cette nuit.

HÉLÈNE.

Ma fille est là... près de moi... (*Elle regarde dans la campagne.*) Ma fille!... Me faudra-t-il donc attendre jusqu'à la nuit pour la revoir, pour l'embrasser? (*Vargas a parlé bas à Bérard.*)

BÉRARD.

Vraiment ? Oh ! la pauvre mère a bien mérité ce moment de bonheur... et je vais...

VARGAS.

Laissez-moi m'assurer d'abord que les hommes de Ribeiro ne sont pas de ce côté de l'hacienda. (*Au fond.*) Bien! personne que Miguel qui veille.

BÉRARD.

Madame, une grande joie va vous être donnée: vous n'embrasserez votre fille que cette nuit, mais vous allez la voir. (*Pendant que Bérard parle, Vargas a détaché sa ceinture et l'a agitée trois fois en l'air.*)

HÉLÈNE.

Je vais la voir, dites-vous?

BÉRARD.

Oui, madame, regardez... là... de l'autre côté de la rivière. (*A ce moment, un des buissons de verdure s'entr'ouvre et laisse apercevoir Eva, qui, de loin, envoie des baisers à sa mère.*)

HÉLÈNE.

Ah ! mon enfant ! mon enfant !

BÉRARD.

Taisez-vous! taisez-vous!

HÉLÈNE.

Eh bien, oui, j'étoufferai mes cris de bonheur, je me tairai... mais laissez-moi regarder ma fille! laissez-moi la dévorer des yeux ! laissez-moi lui parler du cœur ! (*Les branches se referment.*) Oh ! déjà ! déjà ! (*Elle reste les bras étendus.*)

BÉRARD.

Madame, évitez maintenant les regards de Ribeiro; s'il vous voyait... il devinerait bientôt la vérité.

HÉLÈNE.

Oui, oui, vous avez raison; je vais rentrer, m'enfermer... Oh! je le sens, je me trahirais... Oh! mon Dieu ! je ne suis pas devenue folle de douleur, ne me laissez pas devenir folle de joie!... (*Elle rentre. — Vargas retient Bérard.*)

SCÈNE VII

BÉRARD, VARGAS.

VARGAS.

Restez, señor, j'ai encore quelque chose à vous dire.

BÉRARD.

A moi? Parle, tu es plein de bonnes nouvelles, toi.

VARGAS.

Écoutez. Eva a été sauvée par Andrès. Elle peut encore être riche par vous.

BÉRARD.

Riche, par moi !... Dieu ferait un grand miracle, alors.

VARGAS.

Don Moralès connaissait bien son neveu. Il savait qu'aucun crime ne lui coûterait pour s'emparer du titre qui le ruinait, et en même temps que le moribond ordonnait devant tous ses serviteurs qu'un testament fût déposé chez don Isidorio, il en cachait un autre.

BÉRARD.
Un autre ?... Où donc ?
VARGAS.
Ici.
BÉRARD.
Ici ?
VARGAS.
Oui !... Andrès s'est souvenu des dernières instructions que lui a données le mourant ; mais Andrès ne peut pas quitter sa retraite ni abandonner Éva. Ce qu'il devait faire, vous le ferez.

BÉRARD.
Oui, certes, si c'est au pouvoir d'un homme.
VARGAS.
Il s'agit de retrouver quelques lignes écrites sur une feuille volante, feuille qui a été placée par don Moralès entre deux pages d'un livre de sa bibliothèque.

BÉRARD.
Et le titre du livre ?
VARGAS.
Les *Nouvelles* de *Miguel Cervantes*.
BÉRARD.
Mais alors... ce que j'ai à faire est bien facile.
VARGAS.
Oh ! non !
BÉRARD.
Où est la bibliothèque ?
VARGAS.
Dans la chambre qu'habite Ribeiro.
BÉRARD.
Avec une arme, j'entre chez lui, je le tue, et je bouquine à mon aise.
VARGAS.
Ribeiro est trop bien gardé ! Pour arriver à votre but, mieux vaut employer la ruse que la violence... On vient... c'est lui... Il ne faut pas qu'il nous trouve ensemble. (*Il sort.*)

SCÈNE VIII

BÉRARD, RIBEIRO, UN SERVITEUR.

BÉRARD, *à part*.
Comment m'y prendre ?... Quel jeu jouer ?
RIBEIRO.
Monsieur Bérard, vous allez suivre cet homme...
BÉRARD.
Moi ?
RIBEIRO.
Il va vous conduire hors de mes domaines. Je veux bien cette fois vous en laisser sortir vivant ; mais, croyez-moi, n'y revenez plus.

BÉRARD, *à part*.
Diable ! c'est que je ne veux plus m'en aller.
RIBEIRO.
Allons, remerciez-moi et partez.
BÉRARD.
Je partirai, mais je ne vous remercierai pas.
RIBEIRO.
Hein ?...
BÉRARD.
Certainement, non. Vous m'avez gardé quand j'aurais voulu partir, et vous m'ouvrez les portes quand je voudrais rester.

RIBEIRO.
Rester, vous, ici ?
BÉRARD.
Mon Dieu, ici, parce que j'y suis et que je ne sais où aller. Je dois pourtant être bon à quelque chose. Un homme qui sait manier adroitement la lancette, la parole et le pinceau ne se jette pas à la porte comme un manant. Voyons, seigneur Ribeiro, vous m'avez ruiné ; aidez-moi à me refaire une fortune.

RIBEIRO.
Vous, mon ennemi !
BÉRARD.
Votre ennemi !... Oui, je l'étais, quand je me croyais du côté du plus fort ; mais l'ennemi d'hier peut être l'ami d'aujourd'hui.

RIBEIRO.
Qui me répondra de vous ?
BÉRARD.
Le meilleur, le plus sûr de tous les garants, mon intérêt.
RIBEIRO.
C'est vrai...
BÉRARD, *à part*.
Suis-je assez gredin ? (*Haut.*) Voyons, me renvoyez-vous toujours ?

RIBEIRO.
Non ! (*Aux serviteurs.*) M. Bérard ne quitte pas l'hacienda.
BÉRARD, *à part*.
Ah !
RIBEIRO.
Tu disposeras une chambre pour lui ; tu y porteras des liqueurs, du tabac...

BÉRARD.
Et des livres...
RIBEIRO.
Des livres ?... Vous lisez donc, vous ?
BÉRARD.
Oui, tous les jours... pour m'endormir. Il doit y avoir une bibliothèque ici !...

RIBEIRO.
Je ne sais. Je n'ai jamais étudié que la cave de mon oncle ; mais j'ai là, dans ma chambre, quelques bouquins qui me servent à allumer mes cigares.

BÉRARD, *à part*.
Diable !
RIBEIRO.
Pedro, apporte des livres à M. Bérard...
BÉRARD.
Miguel Cervantes, par exemple... C'est mon auteur favori. Vous devez avoir ici Miguel Cervantes ?

RIBEIRO.
Je n'en sais, ma foi, rien... Apporte tout, Pedro.
BÉRARD, *appuyant*.
Oui, tout !... (*Pedro sort.*)
RIBEIRO.
Maintenant que vous avez jeté votre vilain masque d'honnête homme, je suis bien aise que vous restiez avec moi. Vous m'aiderez à faire entendre raison à la señora Moralès, que je voudrais consoler. Elle est belle, la señora Moralès... Elle ne pleurera pas toujours... Nous recauserons de cela. (*Il va chercher un cigare sur la table.*)

BÉRARD, *à part*.
Oh ! comme je t'étranglerais... si j'étais sûr de n'être pas dérangé !...

PEDRO, *rentrant*.
Voilà, maître. (*Il apporte une brassée de livres qu'il met sur la table.*)

RIBEIRO.
Pardieu ! vous avez du bonheur... *Don Quichotte*.
BÉRARD.
Je le sais par cœur. J'aimerais mieux les *Nouvelles* de Cervantes.

RIBEIRO.
Ah ! les voici... (*Bérard s'avance vivement pour saisir le livre.*) Mais je l'avais malheureusement sous la main, ce volume-là, et j'en ai déjà brûlé la moitié. (*Il déchire une page.*)

BÉRARD.
Que faites-vous ?

RIBEIRO, *allumant son cigare.*
Je continue. Prenez-en un autre. Les livres, ça n'est bon rûlé... (*Il rit.*) comme les testaments...

SCÈNE IX

LES MÊMES, JUANEZ.

JUANEZ.
Maître?
RIBEIRO, *qui tient toujours le livre.*
Ah! c'est toi, Juanez. Approche.
BÉRARD, *à part.*
S'il a brûlé le papier que je cherche, le diable est décidément pour lui. (*Pendant que Juanez et Ribeiro parlent, il éteint sous son pied la feuille que Ribeiro a jetée et qui flambe; il la ramasse ensuite sans être vu, regarde avec anxiété ce que le feu a épargné, et fait un mouvement de joie.*)
RIBEIRO, *à Juanez.*
Qu'as-tu donc à me dire?
JUANEZ, *bas à Ribeiro.*
Un des hommes que vous avez placés en surveillance autour de l'habitation, le métis Saréja, vient d'être frappé d'un coup de couteau. Quand on est venu à lui, quand on l'a relevé, il n'a prononcé qu'un mot, un nom, et s'est évanoui.
RIBEIRO.
Et ce nom?
JUANEZ, *plus bas.*
C'est celui d'Andrès.
RIBEIRO.
Andrès! Où est cet homme?
JUANEZ.
On l'a transporté là, au pied de la terrasse.
RIBEIRO.
Je veux le voir, l'interroger. Viens. (*Il s'éloigne en tenant toujours le livre à la main.*)
BÉRARD, *à part.*
Il emporte le volume!...
RIBEIRO.
Oh! malheur à qui se jouerait de moi! (*Il jette à terre avec violence le volume qu'il tenait et sort avec Juanez.*)

SCÈNE X

BÉRARD.

Je suis seul, et maître enfin du précieux volume. (*Il le ramasse.*) Je n'ai qu'une minute à moi, peut-être... Oh! pour chacune des pages que Ribeiro déchirait machinalement tout à l'heure, j'aurais donné, je crois, le sang de mes veines. J'ai beau feuilleter ce livre, je ne vois rien, rien! La chance sera-t-elle donc toujours pour cet homme et jamais pour nous? Ah! une page plus épaisse que les autres... c'est étrange... voilà que je n'ose plus m'assurer... la page est double! Ah! voilà ce que je cherchais. Oui, oui, c'est cela, c'est bien cela!... Ribeiro... (*Il cache le papier dans sa poche et feint de lire attentivement.*)

SCÈNE XI

BÉRARD, RIBEIRO, *puis* VARGAS.

RIBEIRO, *s'arrêtant au fond.*
Encore Andrès!... Ramon l'aura donc laissé échapper!... Ce Bérard le savait peut-être... et c'est pour servir quelque nouveau projet qu'il a voulu rester ici. Il me trompait donc, cet homme... Oh! je le saurai! Ni menaces, ni tortures ne lui arracheraient son secret, et cependant il me le dira. (*Vargas entre avec deux flacons et deux verres sur un plateau.*)

RIBEIRO, *bas à Vargas.*
Tu as fait ce que je t'ai dit?
VARGAS.
Oui, maître.
RIBEIRO.
Bien. (*Vargas veut placer le plateau sur la table, mais les livres le gênent.*)
VARGAS.
Pardon, señor Français.
BÉRARD.
Des rafraîchissements! ils arrivent à merveille. J'ai une soif...
VARGAS, *s'approchant tout près de Bérard.*
Aidez-moi, je vous prie.
BÉRARD.
A faire de la place? volontiers. (*Bas à Vargas.*) Il y a du nouveau?
VARGAS.
Oui.
BÉRARD.
Un danger?
VARGAS.
Oui.
BÉRARD.
Pour Andrès?
VARGAS.
Pour vous. Ne buvez que de la liqueur que je place à votre droite.
RIBEIRO, *se rapprochant.*
Laisse-nous, Vargas; et que personne, entends-tu, personne ne vienne ici maintenant.
VARGAS.
Personne ne viendra. (*A part.*) Que moi quand il sera temps. (*Il sort en faisant un dernier signe à Bérard.*)

SCÈNE XII

RIBEIRO, BÉRARD.

BÉRARD, *à part.*
Le scélérat voulait m'empoisonner!... Il est bon d'avoir des amis partout.
RIBEIRO.
Voyons, voyons, laissez là votre livre, Bérard, causons et buvons. (*S'asseyant.*) J'espère qu'à présent on ne nous dérangera plus. Vous devez être un joyeux convive. Buvez-vous sec?
BÉRARD, *à part.*
Nous y voilà. (*Haut.*) Mais, oui... assez. (*Il veut verser à Ribeiro.*)
RIBEIRO, *l'arrêtant.*
Vous avez votre flacon, et j'ai le mien... C'est l'usage au Mexique...
BÉRARD, *à part.*
Le flacon de droite. Pourvu que Vargas ne se soit pas trompé. (*Ils boivent.*)
RIBEIRO.
Allons, une seconde rasade!...
BÉRARD.
Un moment! vos liqueurs du Mexique sont infernales... J'ai déjà la gorge en feu.
RIBEIRO.
Il faut vous habituer à me tenir tête, nous passerons des nuits entières à boire... Encore un verre?
BÉRARD.
Merci! De la gorge, le feu me monterait au cerveau!
RIBEIRO, *à part.*
C'est ce que je veux. (*Haut.*) Allons... à votre fortune.
BÉRARD.
Quelle diablesse de liqueur est-ce là?
RIBEIRO.
Videz votre verre, et je vous le dirai, mon cher Bérard. (*A part.*) Sa tête se trouble.

BÉRARD, *à part.*

Il me semble qu'il pâlit. (*Haut.*) Je crois que vous avez raison... on s'y fait... Vous dites donc que cette liqueur...

RIBEIRO.

Ne se fabrique que dans l'île de Java... où on garde précieusement le secret de sa composition... Oh! c'est une admirable découverte. (*Il se verse à boire*).

BÉRARD.

Sa main tremble...

RIBEIRO, *continuant après avoir bu.*

Elle n'a aucune saveur, aucun parfum qui la révèle... Les Javanais sont braves et résistent imperturbablement aux plus atroces douleurs. On déchire, on brûle leurs chairs sans pouvoir leur arracher le secret qu'ils veulent garder.. mais quand ils ont bu de cette liqueur, l'aveu qu'ils refusaient à la torture leur échappe dans un éclat de rire... c'est d'abord la folie... le vertige...

BÉRARD, *se levant.*

Et vous m'avez fait boire cela?

RIBEIRO.

Puis après, c'est l'anéantissement... On veut lever le bras, ce bras retombe comme si la paralysie l'avait frappé; on veut parler, la langue s'embarrasse; on veut crier, la voix s'éteint, et c'est alors que... que...

BÉRARD.

Quel regard!

RIBEIRO, *jetant un éclat de rire.*

Ah! ah! ah!... Au diable!... mon verre est vide et je veux boire... boire encore... boire toujours... (*Il boit.*) Ah! ah! ah!... cet imbécile de Saréja qui s'est fait tuer par Andrès... par Andrès qu'ils n'ont pas pendu, les maladroits!... par Andrès qui rôde autour de l'habitation!... Ah! ah! ah! ah!

BÉRARD.

Voilà la folie..., le vertige.

RIBEIRO.

Ah! Andrès... Fernand... je les vois tous les deux... le vieux Moralès les embrasse... Il veut leur donner le testament qui me ruine... mais ce testament je l'ai brûlé... le voilà... le voilà. (*Il tombe pesamment sur le canapé.*)

BÉRARD.

Le vieux Moralès avait tout prévu... Tu as brûlé le premier testament, tu ne brûleras pas celui-là.... Écoute et regarde, misérable... qui t'es pris à ton propre piége... « Je » donne et lègue à Éva Moralès, fille de mon bien-aimé et » bien regretté fils Fernand, tout ce que je possède... si » gné: Grégorio Moralès. » (*Ribeiro veut se lever, et retombe anéanti.*) Oh! te voilà dans l'état où tu voulais me mettre... car tu l'as dit, Ribeiro, le bras qu'on lève retombe inerte et comme frappé de paralysie... (*Ribeiro essaye de parler.*) On veut parler, la langue s'embarrasse... la voix s'éteint!... Ce testament était caché dans ce livre... dans ce livre que tu as tenu entre tes mains... ce testament, je vais avec Hélène le porter à Andrès et à Éva, qui l'attendent.

SCÈNE XIII

LES MÊMES, VARGAS, HÉLÈNE.

VARGAS.

L'heure est venue... Il est temps.

BÉRARD.

Venez... venez, madame.

HÉLÈNE, *effrayée à la vue de Ribeiro*

Ah! cet homme!

BÉRARD.

Ne redoutez plus rien de ce tigre, madame... tenez, son regard menace encore, mais son bras ne peut plus frapper, sa voix ne blasphème plus... Si on était aussi lâche que lui, on pourrait le tuer. (*Saisissant une arme.*) On le devrait, peut-être...

HÉLÈNE, *l'arrêtant.*

Oh! pas de sang, pas de meurtre!... partons, ma fille m'attend.

BÉRARD.

Eh bien, alors, à genoux devant cette femme, que tu as torturée et qui t'a fait grâce de la vie... A genoux, misérable... à genoux!... (*Il le jette rudement aux pieds d'Hélène.*)

ACTE CINQUIÈME

La lisière d'une forêt mexicaine. A droite, aux deux premiers plans, fourrés d'arbres et de lianes dans l'un desquels on a suspendu un *zarapé* formant une sorte de hamac. Au troisième plan, route ouverte, conduisant dans l'intérieur de la forêt. A gauche, à travers une éclaircie, on aperçoit une rivière.

Au lever du rideau, Éva est endormie dans un hamac qu'Andrès balance en fumant son cigarito et en écoutant Vargas appuyé devant lui sur sa carabine.

SCÈNE PREMIÈRE

VARGAS, ÉVA, ANDRÈS.

ANDRÈS.

Continue, ami, continue.

VARGAS.

Alors Ribeiro, pris à son propre piége, n'a pu s'opposer à la fuite du Français et de la señora Moralès, qui, sous ma conduite et celle de Miguel, se sont facilement échappés de l'hacienda.

ANDRÈS.

Dieu soit loué! Et pourquoi ne les as-tu pas amenés jusqu'ici?

VARGAS.

La pauvre mère s'était mise en route avec grand courage et grande espérance: il lui semblait que pour revoir sa fille, elle pourrait aller au bout du monde; mais épuisée par tant de fatigues, brisée par tant de secousses, elle avait trop compté sur ses forces et elle a été contrainte de prendre quelques instants de repos. J'ai laissé près de Miguel et le Français, tous deux bien armés, et je suis venu t'apprendre ce qui s'est passé à l'hacienda depuis notre dernière rencontre.

ANDRÈS.

Où sont-ils?

VARGAS.

Dans un massif de palétuviers où il serait presque impossible de les découvrir: leur cachette, que j'ai choisie moi-même, domine la rivière, et c'est par la rivière, tu me l'as dit, que doivent arriver leurs défenseurs.

ANDRÈS.

Oui. Les deux étrangers qui accompagnaient l'enfant m'ont quitté pour aller à la rencontre des matelots américains: Une fois sous leur protection, Éva n'aura plus rien à craindre. Ralliés par sir Jonathan, ils dirigeront une embarcation de ce côté en longeant le rivage, et ils ne pouvent manquer de recueillir, chemin faisant, Hélène Moralès et Paul Bérard.

VARGAS.

A merveille! En supposant que Ribeiro ait été secouru et se soit mis en chasse, il s'éloignera du but qu'il veut atteindre, et chaque pas qu'il fera dans la savane le séparera de sa proie.

ANDRÈS.

Comment?

VARGAS.

Grâce aux fausses pistes laissées par moi, le terrain que nous avons parcouru est devenu un véritable labyrinthe.

ANDRÈS.

Bien,

VARGAS.
Vois donc... l'enfant s'est éveillé...

ÉVA.
Andrès ! (*Elle regarde Vargas avec une sorte de crainte.*)

ANDRÈS.
Ne crains rien, chère petite, Vargas est notre ami, il vient t'apporter des nouvelles de ta mère.

ÉVA.
De maman ?

VARGAS.
Oui, señorita... elle va bientôt arriver... vous allez l'embrasser tout à l'heure.

ÉVA.
Tout à l'heure... maman... Ah ! que je suis contente... tiens, voilà une jolie fleur pour elle ! (*Elle avance la main pour cueillir une touffe de fleurs, Andrès s'élance vers elle et les lui arrache.*)

ANDRÈS.
Malheureuse enfant !

ÉVA.
Qu'est-ce que tu fais donc ?

ANDRÈS.
Souviens-toi bien de ce que je vais te dire et garde-toi de jamais toucher à ces fleurs ; qu'il te sera facile de reconnaître : celui qui les respire quelques secondes seulement tombe dans une torpeur semblable à la mort ; en les respirant une minute, on mourrait foudroyé !

VARGAS.
C'est vrai, señorita.

ANDRÈS.
Souviens-toi ! (*Il jette les fleurs loin de lui.*)

ÉVA.
Oh ! comme c'est dommage ! Elles sont si belles, ces fleurs !

ANDRÈS.
Tiens, mon petit ange, en voilà d'autres qui sont plus belles encore. (*Il couvre le hamac de celles qu'il vient de cueillir.*)

ÉVA.
Merci. (*Elle se met à jouer avec.*)

VARGAS, *prêtant l'oreille*.
Écoute... de ce côté. (*Ils se couche contre terre pour entendre.*)

ANDRÈS.
Un bruit de pas...

VARGAS.
Oui.

ANDRÈS.
Encore très-éloigné...

VARGAS.
Tes amis, peut-être ?

ANDRÈS.
Non... il y a des chevaux... écoute bien...

VARGAS.
Tu as raison.

ANDRÈS.
Ribeiro a trouvé la piste !

VARGAS.
Ne t'alarme pas, Andrès, je sais le moyen de le détourner encore, dussé-je payer de ma vie le piége que je vais lui tendre. (*Il s'éloigne rapidement.*)

SCÈNE II

ÉVA, *toujours couchée*, ANDRÈS, *tournant le dos au hamac et regardant du côté de la rivière*.

ANDRÈS, *à part*.
D'ici je pourrai apercevoir l'embarcation et faire signe à Jonathan de se hâter ; mais, rien encore, rien ! (*Pendant qu'Éva effeuille les fleurs, des branches supérieures d'un des arbres auquel est suspendu le hamac, on voit se dérouler lentement les anneaux d'un serpent taché de rouge et de noir ; le hideux reptile se glisse au milieu du feuillage et se rapproche peu à peu d'Éva ; elle l'aperçoit lorsqu'il est tout près d'elle.*)

ÉVA, *avec effroi*.
Ah ! Andrès ! Andrès !

ANDRÈS.
Dieu tout-puissant !... (*Il jette sa carabine à l'épaule.*) Baisse la tête, mon enfant, baisse la tête !... (*Éva obéit, le coup part, et le serpent frappé disparaît un moment derrière l'arbre, puis il tombe de branche en branche jusqu'à terre. — Andrès court à l'enfant qu'il enlève de son hamac, il la touche et l'examine avec anxiété.*) Blessée peut-être... par le serpent... ou par la balle !...

ÉVA.
Je n'ai rien, je n'ai rien !

ANDRÈS.
Non... non... Ah ! mon Dieu ! mon Dieu !... (*Il tombe à genoux, les mains jointes. Éva se jette à son cou et l'embrasse.*)

SCÈNE III

LES MÊMES, VARGAS.

VARGAS.
Tout est perdu, Andrès ! Le bruit de ta carabine a dirigé de ce côté Ribeiro et ses cavaliers.

ANDRÈS, *emportant Éva*.
Ribeiro !... fuyons.

VARGAS.
Impossible de fuir... nous sommes cernés de toutes parts...

ANDRÈS.
Cernés ?...

VARGAS.
Oui, nous donnerions inutilement notre vie pour sauver celle de l'enfant... ce n'est que morte qu'elle sortira maintenant des griffes du vautour !

ANDRÈS.
Morte, dis-tu...

VARGAS.
Oui ! Ils approchent...

ANDRÈS.
Vargas ! Ribeiro ne tuera pas Éva !...

VARGAS.
Que veux-tu faire ? (*Andrès ramasse les fleurs qu'il avait arrachées à l'enfant.*)

ANDRÈS.
En respirant le parfum de ces fleurs, Éva dormira d'un sommeil profond qui est l'image de la mort, d'un sommeil qui doit tromper la haine de Ribeiro, qui tromperait même l'amour de sa mère !

VARGAS.
Ah ! c'est Dieu qui t'inspire peut-être...

ANDRÈS, *prenant Éva sur ses genoux*.
Éva, je t'aime comme si tu étais ma fille, tu le sais bien, n'est-ce pas ? Écoute-moi donc... Un nouveau danger te menace, le plus grand, le plus terrible de tous, et, pour y échapper, il faut que tu respires ces fleurs... (*Il lui présente les fleurs, elle les repousse.*)

ÉVA.
Mais tu m'as dit qu'elles faisaient mourir.

ANDRÈS.
Il le faut... si tu veux revoir ta mère...

ÉVA.
Maman !... Donne !... (*Elle se penche avec courage vers les fleurs qu'Andrès tient dans sa main tremblante.*)

VARGAS.
Hâte-toi... plus près donc... plus près encore...

ANDRÈS, *à part*.
Ah ! si j'allais la tuer !

ÉVA.
Dieu ne voudra pas que tu me fasses du mal... et puis... Elle sent bon, cette fleur... bien bon... Andrès... maman... (*Sa petite tête retombe sur l'épaule d'Andrès.*)

ANDRÈS.

Déjà!... Comme elle est pâle!... comme elle est froide!... Oh! oui, si ce n'est pas la mort, c'en est bien l'effrayante image... (Tirant son poignard.) Allons... un peu de courage encore... (Il la pique au bras.)

VARGAS.

Dort-elle?

ANDRÈS.

Oui... elle n'a pas même senti la pointe du poignard...

VARGAS.

Pourquoi cette piqûre?

ANDRÈS.

C'est le serpent qui l'aura faite!... C'est le serpent qui l'aura tuée! (Il replace Éva dans le hamac.) Et maintenant, comme il importe que Ribeiro te croie toujours un serviteur dévoué, c'est toi qui vas me livrer à lui!

VARGAS.

Te livrer, moi?

ANDRÈS.

Eh! ne suis-je pas perdu!...

VARGAS.

Mais il te tuera!

ANDRÈS.

Oui... mais tu vivras, toi... tu demanderas à rendre à Éva les derniers devoirs et tu la porteras à sa mère... Obéis, Vargas, obéis... Ah! pas de regret, pas d'hésitation... fais ce que je te dis... et d'abord mets le pied sur ma carabine que tu m'auras enlevée par surprise... tiens-moi sous le feu de la tienne... et appelle, appelle... mais appelle donc!...

VARGAS, obéissant.

Par ici, maître, par ici!.. Andrès est pris! Venez... venez tous!

(Ribeiro accourt avec la bande des pirates.)

SCÈNE IV

Les Mêmes, RIBEIRO, Pirates.

VARGAS.

Maître, c'est moi qui vous livre Andrès!

RIBEIRO.

Toi? Mais je ne t'ai pas aperçu depuis ma sortie de l'hacienda... Comment te trouves-tu seul ici?

VARGAS.

De tous vos batteurs d'estrade, j'étais le plus rapproché de la forêt. Je suis accouru au bruit de sa carabine... et je l'ai surpris, désarmé!...

RIBEIRO.

Et... il ne s'est pas défendu?

VARGAS.

Non, maître.

ANDRÈS.

Je n'avais plus que ma vie à disputer et je ne tiens plus à vivre puisque je n'ai pas su garder l'enfant que j'avais promis de rendre à sa mère!

RIBEIRO.

Où est cet enfant?... Je le veux!

ANDRÈS, montrant le hamac.

Le voilà... regarde, bourreau! Le serpent a fait ton œuvre! (Un silence. — Ribeiro examine avec attention Éva, le serpent, la piqûre.)

RIBEIRO.

Enfin!

ANDRÈS.

Tu triomphes, misérable!

RIBEIRO.

Après l'enfant, il me faut la mère... Il me faut surtout le Français maudit qui s'est joué de moi avec tant d'insolence!

ANDRÈS.

Ils sont à l'abri de tes coups!

RIBEIRO.

Mensonge! Juanez est sur leurs traces... (Coups de feu au dehors.) Tiens... ils sont découverts... ils sont à moi...

SCÈNE V

Les Mêmes, JUANEZ, accourant.

JUANEZ.

Maître!... maître!...

RIBEIRO.

Que s'est-il donc passé?

JUANEZ.

Les Américains étaient arrivés avant nous auprès d'Hélène Moralès, et ils nous ont accueillis par une fusillade de tous les diables : mes compagnons se sont dispersés dans le bois, et moi j'accours vous avertir que l'ennemi paraît se diriger de ce côté...

RIBEIRO.

Nous sommes en force!

JUANEZ.

Non, maître, il faut fuir...

RIBEIRO.

Fuir... devant ces Américains...

JUANEZ.

Il le faut... nous serions écrasés.

RIBEIRO.

Ah! je jure Dieu que du moins nous prendrons une terrible revanche aujourd'hui même! Écoutez, camarades,... en conduisant à bord de la frégate Hélène et ces vagabonds d'Europe qui l'accompagnent, les Américains seront forcés de longer les Roches-Noires! (Mouvement.) Les Roches-Noires, qui nous servent à la fois de citadelle et d'arsenal! Leur embarcation en passera si près, qu'une décharge bien dirigée par nous ne laissera pas vivant un seul de nos ennemis.

ANDRÈS, à part.

Démon!...

RIBEIRO.

Il existe un autre passage, je le sais, celui des Rapides, mais un seul homme oserait y engager un canot et pourrait l'en faire sortir... Cet homme, c'est toi, Andrès; mais tu ne sauveras plus personne. (A Juanez.) Qu'on amène ici le cheval le plus fougueux, le plus indompté de la savane,... nous allons le faire dresser au mulâtre. (Cris de joie des pirates.)

JUANEZ, sortant.

Bien, maître.

ANDRÈS, à part.

Mon Dieu! protégez ceux que je ne peux plus défendre!

RIBEIRO, à Andrès.

Tu le connais, ce jeu de la savane?... c'est un supplice horrible!... A chaque bond du cheval, les lanières, resserrées par la secousse, entrent plus avant dans la chair; les membres se brisent, les muscles éclatent, mais on vit toujours!... La pensée s'abîme dans le délire; on agonise, mais on vit toujours!... C'est infernal, n'est-ce pas?

ANDRÈS.

Andrès te méprise... Andrès te brave!...

RIBEIRO.

Entraînez-le!... (Quatre pirates s'emparent d'Andrès.)

TOUS.

A mort, Andrès!... à mort! (Les pirates l'entraînent.)

RIBEIRO.

Pour gagner notre embuscade, il faudra nous séparer. Prenons tous des sentiers différents, afin de tromper ces chercheurs de pistes. Je vais, avec Juanez, remonter vers l'hacienda. De la pointe de Mirathon, je dominerai le cours de la rivière. De là, je pourrai même entendre les cris de désespoir d'Hélène, quand elle retrouvera ici le cadavre de son enfant. (A Juanez, qui rentre.) Allons, est-ce prêt?

JUANEZ.

Oui, maître!... (Au même instant, le cheval sur lequel on a attaché Andrès traverse la scène au galop.)

RIBEIRO.

Bon voyage, mulâtre!

TOUS.

Bon voyage!

VARGAS, *à part.*

Vargas se souvient! (*Il sort en courant du même côté que le cheval.*)

JUANEZ.

Maître! voici l'ennemi!...

RIBEIRO, *baissant la voix.*

Séparons-nous... c'est aux Roches-Noires que nous nous retrouverons.

TOUS, *de même.*

Aux Roches-Noires! (*Ils s'éloignent tous de différents côtés.*)

SCÈNE VI

BÉRARD, JONATHAN, DODORE, HÉLÈNE, un OFFICIER, EVA, *couchée*, MATELOTS AMÉRICAINS.

BÉRARD.

Venez, madame, venez.

JONATHAN.

Oui, oui, je me reconnais... c'est sous ces arbres que j'a laissé Andrès et l'enfant.

HÉLÈNE.

Eva! ma fille!...

JONATHAN, *à Hélène.*

Tenez, nous l'avions couchée dans ce hamac.

BÉRARD.

Elle y est encore!...

HÉLÈNE, *avec joie.*

Mon Eva!... (*Elle court au hamac.*) Mon enfant! ma fille!... ma petite Eva... (*Elle soulève l'enfant et jette un grand cri.*) Ah! froide, inanimée, morte!...

TOUS.

Morte?

HÉLÈNE.

Morte!... (*Elle enlève Eva du hamac et vient la poser sur un banc de verdure.*) Oh! mais non, non, c'est impossible! Mais dites-moi donc que cela n'est pas!... (*Bérard, qui s'est approché d'Eva, fait un geste de douleur.*) Eva!... c'est moi... ta mère... entends-tu... ta mère!... Rouvre les yeux, souris-moi, parle-moi!... Rien... rien!... Ah! Seigneur! tuez-moi donc aussi! c'est trop d'épreuves, c'est trop de tortures!... (*On entend un coup de canon dans le lointain.*)

L'OFFICIER, *s'éloignant d'Hélène.*

Sir Jonathan, messieurs... Je suis profondément touché comme vous du malheur qui frappe madame Moralès, et je regrette bien vivement qu'une consigne rigoureuse me force de troubler son affliction, de l'augmenter encore. (*Nouveau coup de canon.*) Mais je suis marin, je dois obéir au signal qui me rappelle à bord de la frégate. (*Montrant Hélène.*) Veuillez donc préparer madame au départ.

BÉRARD.

Et... vous lui laisserez au moins le corps de son enfant?

L'OFFICIER.

Les règlements ne permettraient pas de le conserver à bord. Dans quelques heures il aurait le golfe pour tombeau.

JONATHAN.

C'est vrai.

L'OFFICIER.

Je vais donner des ordres pour qu'on puisse lui rendre ici les derniers devoirs... Du courage, monsieur... préparez la pauvre mère à cette séparation.

BÉRARD.

Cette séparation si prompte, si cruelle, est impossible, monsieur.

L'OFFICIER.

Un soldat ne connaît que la discipline, et vous savez si elle est sévère, absolue, à bord.

BÉRARD.

Eh bien donc, que madame Moralès parle, je resterai, moi! (*L'officier va parler à quelques matelots qui sortent.*)

Je te veillerai morte, chère petite, comme je te protégeai vivante!... Pauvre mère! comment lui dire? (*A Hélène.*) Madame... il n'y a pas de consolations possibles dans le malheur qui vous frappe... Mais je viens faire appel à votre courage si souvent éprouvé, à vos sentiments de piété, à votre foi de chrétienne.

HÉLÈNE.

Parlez; monsieur Bérard... Oh! dans mon désespoir, croyez-le bien, je n'oublie pas tout ce que vous avez fait pour moi, pour elle... Je n'oublie pas que vous avez été le dernier ami de son père...

BÉRARD.

Eh bien, madame, l'officier qui consent à nous emmener a reçu l'ordre de partir sur-le-champ.

HÉLÈNE.

Ah!... Eh bien, je suis prête. (*A Eva.*) Nous partons, mon ange...

BÉRARD.

Oui, c'est un ange, vous l'avez dit... mais elle est avec ses frères, là-haut... dans le ciel... ce que vous tenez dans vos bras, ce n'est que la dépouille mortelle de votre Eva bien-aimée... et le moment est venu de vous en séparer.

HÉLÈNE.

Jamais!

BÉRARD.

Madame...

HÉLÈNE.

Jamais!

BÉRARD.

Songez donc que si vous vous y refusez maintenant, ces hommes, qui ne connaissent que leur consigne, ces hommes l'arracheront tout à l'heure de vos bras pour la jeter au fond du fleuve!

HÉLÈNE.

Horreur!

BÉRARD.

Ici, du moins, l'enfant aura une sépulture chrétienne, arrosée de nos larmes, consacrée par nos prières... et une croix sera saintement plantée sur sa tombe.

HÉLÈNE.

Ah! vous n'êtes pas méchants... vous... qui m'avez protégée, défendue... vous qui m'aviez promis de me réunir à ma fille... Vous ne m'en séparerez pas! Oh! non! Je vous prierai tant! Vous avez des larmes dans les yeux... vous me la prendrez pas... Tant que je la tiens là sur mon cœur, j'ai encore ma fille. Dieu peut faire un miracle... Sa main est glacée...mes larmes la réchaufferont peut-être... Ses yeux sont fermés, ils se rouvriront sous mes baisers!... Pour ne pas emporter un cadavre, vous voulez couvrir de terre un pauvre petit enfant... (*Les matelots qui étaient sortis rentrent en scène: l'un deux tient une croix de bois grossièrement taillée ; les autres s'avancent comme pour prendre Eva ; par un mouvement instinctif, Hélène s'élance devant eux pour les arrêter.*) Non! non! vous ne la toucherez pas! (*A Bérard.*) Défendez-la... au nom de son père! (*Elle tombe aux pieds de Gérard.*) Défendez-la! (*Aux matelots.*) Ma fille n'est pas morte! non, je le sens; j'en suis sûre, puisque j'existe encore! Mon Dieu! vous le voyez, je n'ai pas désespéré de votre miséricorde ; vous avez pitié des mères, mon Dieu! Je n'ai pas blasphémé, j'espère encore et je prie, mon Dieu! je prie... (*Elle tombe à deux genoux et reste comme absorbée dans l'extase de la prière.*)

L'OFFICIER, *à Bérard.*

Monsieur...

BÉRARD, *le repoussant.*

Vous êtes soldat, et vous ne songez qu'à votre devoir ; je suis médecin, moi, et je fais le mien, monsieur, je fais le mien. (*Examinant Eva.*) L'instinct d'une mère ne peut-il pas être plus clairvoyant que la science? Elle vous dispute sa fille ; elle prie avec toute la ferveur de l'espoir, et toute glacée que cette enfant est dans mes bras, à présent, je doute, oui, je doute... (*Il approche ses lèvres du visage de la jeune fille et jette un cri étouffé.*) Ah!

JONATHAN.

Qu'y a-t-il ?

BÉRARD.

Chut ! J'ai cru sentir un tressaillement.

JONATHAN.

Vraiment ?

BÉRARD.

Oh ! taisez-vous ! si je me trompais... Ah ! priez, Hélène, priez, tendre mère... Ah ! cette fois, ce n'est pas une illusion ; non, j'ai senti un souffle sur mes lèvres... un battement sous ma main... Oui, cette bouche respire, ce cœur bat ! Ah ! vous l'aviez bien dit, madame, Dieu a pitié des mères, Dieu a fait un miracle, Dieu vous rend votre enfant! (*Il la soulève un peu.*)

HÉLÈNE.

Ma fille !

BÉRARD.

Tenez, ses yeux se rouvrent... ses mains se tendent vers vous...

HÉLÈNE.

Ma fille bien aimée !

ÉVA, *embrassant sa mère.*

Maman !... je dormais, mais d'un sommeil qui me faisait mal... Je t'entendais m'appeler, et je ne pouvais pas te répondre... tu pleurais, et je ne pouvais pas t'embrasser... (*Coup de canon.*)

L'OFFICIER.

Il faut partir.

HÉLÈNE.

Oh ! Je suis prête ! A présent, j'ai mon trésor, j'ai ma fille !

JONATHAN.

Embarquons.

DODORE, *à part.*

Je voudrais me voir loin d'ici, moi.

LE LIEUTENANT.

Nous allons reprendre les quelques hommes que j'avais chargés d'explorer la petite île de Bentham ; puis nous regagnerons la frégate.

BÉRARD.

Pour toucher à cette île de Bentham, ne devez-vous pas remonter la rivière ?

LE LIEUTENANT.

L'espace d'un mille, environ.

BÉRARD.

Puis, vous repasserez en vue de ce bois ?

LE LIEUTENANT.

Oui.

BÉRARD.

Eh bien, lieutenant, un dernier service : allez sans moi à l'île de Bentham, vous me reprendrez en passant.

JONATHAN.

Pourquoi voulez-vous rester ici ?

BÉRARD.

Andrès n'est pas avec nous, et vous me demandez pourquoi je veux rester encore ?

JONATHAN.

C'est juste.

HÉLÈNE.

Oh ! mon enfant m'avait fait tout oublier... Andrès !

BÉRARD.

Je veux savoir s'il est vivant ou mort.

LE LIEUTENANT.

Je ferai ce que vous vous désirez ; mais soyez prêt quand nous redescendrons la rivière.

ÉVA.

Et amène avec toi notre ami Andrès.

BÉRARD.

Oui chère enfant !

DODORE.

Si je restais, je te générais, n'est-ce pas ? Partons, partons. (*A part.*) Décidément j'aime mieux le bois de Boulogne.

(*Tout le monde sort, excepté Jonathan.*)

SCÈNE VII

BÉRARD, JONATHAN.

BÉRARD.

Voyons... Orientons-nous un peu. (*Apercevant Jonat* Hein ? vous restez, sir Jonathan ?

JONATHAN.

Oh ! oui, je veux savoir aussi ce qu'est devenu ce brave garçon qui m'a empêché d'être pendu... et vous ne le retrouveriez pas sans moi... vous n'avez pas, comme nous autres Américains, l'habitude de reconnaître, de suivre une piste... Eh ! voyez-vous, là, sur cette herbe, des gouttes de sang.

BÉRARD.

De sang ?...

JONATHAN.

Venez, venez.... (*Ils disparaissent dans un fourré.*)

SCÈNE VIII

RIBEIRO, JUANEZ, *puis* BÉRARD *et* JONATHAN.

RIBEIRO, *venant du côté opposé avec Juanez.*

Andrès avait menti... l'enfant m'échappe encore... mais je n'ai pas reconnu sur le canot ce Bérard que je voudrais tenir en mon pouvoir comme j'y ai tenu Andrès... Qu'as-tu donc ?

JUANEZ.

Il y a quelqu'un là, dans ce fourré.

RIBEIRO.

Quelqu'un ?

JUANEZ.

Je vois deux hommes... l'Américain et le Français.

RIBEIRO.

Le Français ? (*Ils se mettent à l'écart, en armant leurs fusils.*)

JONATHAN, *sortant du fourré avec Bérard.*

Impossible de se reconnaître entre ces mille pistes qui se croisent...

BÉRARD, *apercevant Ribeiro qui le couche en joue.*

Ribeiro ! (*Il fait un pas en arrière et arme sa carabine.*)

JONATHAN, *armant aussi sa carabine et faisant reculer Bérard.*

Un moment... ce ne nous va pas comme ça, nous autres... Ah ! je ferai donc connaissance avec ce grand vilain monsieur !... Bérard, gardez votre arbre, j'ai le mien... (*Apercevant Juanez.*) Si monsieur voulait... là-bas, nous pourrions faire une petite partie à quatre, un véritable duel à l'américaine fashion ?...

BÉRARD.

Allons donc ! on ne se bat pas comme ça en France... Nous ne sommes pas à l'affût.

JONATHAN.

Autre pays... autres mœurs... En France, on se découvre pour se battre et on se fait tuer... Ici, on se met à couvert et on tue... Faites comme moi, Bérard, ou vous êtes mort.

BÉRARD.

Va donc pour le duel à l'américaine... A nous deux, Ribeiro !

SCÈNE IX

LES MÊMES, ANDRÈS.

ANDRÈS.

Que nul ne touche à cet homme... il est à moi.

TOUS.

Andrès !

ANDRÈS, *à Ribeiro.*

Oui, Andrès, que Vargas a délivré après avoir tué le cheval qui l'emportait... Andrès, qui connaît un autre passage que celui des Roches-Noires.

RIBEIRO.

Tu ne l'indiqueras pas. (*Il fait feu sur Andrès et le manque.*)

ANDRÈS.
La colère vise mal, et tu n'as même pas su m'assassiner. (A Bérard.) Eva?

BÉRARD.
Dans les bras de sa mère.

ANDRÈS.
Tout est bien alors... (A Jonathan.) Prêtez-moi votre carabine, monsieur, je vous promets d'en faire bon usage.

BÉRARD.
Je ne vous promets pas, cher ami, d'être aussi adroit que vous à tirer la bête fauve, mais je ferai de mon mieux...

RIBEIRO.
Juanez, à toi le Français... à moi Andrès!

JONATHAN.
Quel malheur de n'avoir personne pour faire un petit pari!... j'aurais gagé mille dollars pour M. Andrès. (*Le duel commence. — Chaque adversaire a deux coups à tirer. — Les combattants changent de place, mais en se tenant toujours à couvert derrière un arbre, un buisson ou une roche. — Bérard tire le premier sur Juanez, qui évite le coup.*)

JONATHAN.
Vous tirez trop vite, Bérard. (*Juanez tire, et sa balle emporte le chapeau de Bérard.*)

BÉRARD.
Diable! Il tire comme un chasseur de Vincennes, celui-là... (*Ribeiro tire sur Andrès.*)

JONATHAN, à Andrès.
Vous êtes touché?...

ANDRÈS.
Non.

JONATHAN.
Tirez donc!

ANDRÈS.
Pas encore.

BÉRARD, tirant sur Juanez.
A toi, mon gaillard. (*Juanez tombe.*) Il est tombé

JONATHAN.
Il n'est pas mort, ne vous découvrez pas! (*Bérard fait un mouvement en avant. Juanez, qui avait feint d'être blessé, l'ajuste. — Bérard est blessé et tombe sur un genou. — Juanez se relève.*)

JUANEZ, riant.
Ah! ah!

RIBEIRO, se découvrant.
Achève-le, Juanez. (*Juanez se découvre à son tour.*)

ANDRÈS.
Enfin! (*Il tire sur Juanez le premier coup de sa carabine et le renverse. — Il tire le second sur Ribeiro, qui tombe frappé au front.*)

JONATHAN.
Beau coup double... Oh! bien touché... au front, entre les deux yeux!...

ANDRÈS.
C'est toujours ainsi que je tue les tigres... (*A Bérard.*) Vous êtes blessé?...

BÉRARD.
Oh! rien... une égratignure..

SCÈNE X

LES MÊMES, HÉLÈNE, ÉVA, DODORE, L'OFFICIER, MATELOTS.

Ils arrivent par le canot. Hélène débarque tenant Eva dans ses bras; l'officier la suit, Dodore et les matelots restent à bord.

ÉVA, appelant.
Andrès!... Andrès!...

ANDRÈS.
Eva!... (*Elle court à lui, il la prend dans ses bras.*) Oh! je suis sûr maintenant de la conduire sans péril à bord de la frégate. — Dieu, qui m'est venu en aide pour le châtiment, me viendra en aide pour achever mon œuvre!...

FIN.

www.ingramcontent.com/pod-product-compliance
Lightning Source LLC
Chambersburg PA
CBHW060615050426
42451CB00012B/2271